城市轨道交通 PPP 项目建设、运营及实施效果研究

——以 C 市轨道交通 X 线为例

肖 伟 著

中国财经出版传媒集团
经济科学出版社
Economic Science Press

图书在版编目（CIP）数据

城市轨道交通 PPP 项目建设、运营及实施效果研究：以 C 市轨道交通 X 线为例/肖伟著. --北京：经济科学出版社，2022.7

ISBN 978-7-5218-3841-1

Ⅰ.①城…　Ⅱ.①肖…　Ⅲ.①政府投资-合作-社会资本-应用-城市铁路-铁路运输管理-中国　Ⅳ.①F532.1

中国版本图书馆 CIP 数据核字（2022）第 121351 号

责任编辑：庞丽佳　王淑婉
责任校对：李　建
责任印制：邱　天

城市轨道交通 PPP 项目建设、运营及实施效果研究
——以 C 市轨道交通 X 线为例
肖　伟　著
经济科学出版社出版、发行　新华书店经销
社址：北京市海淀区阜成路甲 28 号　邮编：100142
总编部电话：010-88191217　发行部电话：010-88191522
网址：www.esp.com.cn
电子邮箱：esp@esp.com.cn
天猫网店：经济科学出版社旗舰店
网址：http://jjkxcbs.tmall.com
北京时捷印刷有限公司印装
710×1000　16 开　13 印张　200000 字
2022 年 7 月第 1 版　2022 年 7 月第 1 次印刷
ISBN 978-7-5218-3841-1　定价：48.00 元

前言

城市轨道交通属于大型建设项目，传统的政府主导的投融资模式，给政府带来沉重的财政支出压力，将严重制约城市轨道交通的发展脚步。政府和社会资本合作（Pubic-Private Partnership，PPP）模式为我国城市轨道交通项目的顺利开展带来了希望。

近年来我国城市轨道交通 PPP 项目快速落地推广，呈现出遍地开花的态势。但是相较于发达国家，我国仍处于 PPP 模式的探索与发展初期，对于城市轨道交通 PPP 项目的建设、运营及实施效果还没有形成完备的体系和经验积累，这也是写作本书的主要原因。

本书的主要内容如下：

1. 完备的项目实施方案

项目实施方案的核心内容是轨道交通 X 线 PPP 项目的交易结构，需要明确 PPP 项目回报机制、融资方案、财务回报，回报分为对社会投资人的回报、对基金公司的回报和对项目公司的回报三个层面。

2. 物有所值评价

物有所值（Value for Money，VFM）定性评价指标采用专家评分法，并召开专家小组会议，得到项目评分结果，形成专家小组意见：同意轨道交通 X 线项目通过物有所值定性分析，适宜采用 PPP 模式。

3. 财政承受能力论证

在项目全生命周期内，财政支出责任占当年一般公共预算支出的比例不超过 10%。轨道交通 X 线 PPP 项目为 C 市首个采取 PPP 模式的轨道交通项目，因此不存在 PPP 项目过于集中的情况，其财政承受能力通过论证，项目适宜采用 PPP 模式。

4. 建设项目财务测算

轨道交通 X 线 PPP 项目全生命周期均无法产生利润，但由于该项目运营期内还本付息已有资金来源保证，在不考虑还本付息、追加投入及大修费用的前提下，若可行性研究报告中的客流量预测值能够完全实现，则项目公司可以实现每年的现金流平衡。

5. 招标采购代理

项目的招标人和业主为 C 市城市交通开发投资（集团）有限公司（以下简称 C 市交通开投集团）。建设资金来自项目资本金和项目融资，资金来源已经落实，项目已具备招标条件，可以进行招标采购代理工作。

6. 特许经营

C 市轨道交通 X 线项目特许经营协议由主协议、若干个附件协议以及后续的补充合同共同构成，涵盖投资、建设、试运营、运营、移交各个阶段，形成了一个完整的合同体系。

7. 项目融资

由投资人独资或按约定比例与 C 市交通开投集团共同出资设立项目公司，负责项目投融资、建设和运营，并享有项目特许经营权。采用“建设—经营—转让（BOT）+ 工程总承包（EPC）”模式，设置“建设 + 运营”合作期限，特许经营期 25 年（含建设期）。项目工程投资、社会资本投资回报、项目贷款利息等通过土地对价平衡；轨道运营按影子票价和财政购买服务条件独立核算。经营期满后，项目公司将项目移交给 C 市政府指定机构，投资人退出。

8. 运营分析

C 市轨道交通 X 线项目总投资约 325 亿元，全长约 57.289 公里，其中地下线29.91公里，高架线27.379公里；共设34座车站，其中地下站22座，高架站12座。C市轨道交通X线运营车辆均采用山地As车型，该车型爬坡能力更强，更适合C市地形。运营初期，车辆编组采用6辆编组，最大载客量2 300人，高峰运载能力1.57万人次/小时。

9. 实施效果评价

C市轨道交通X线PPP项目的综合实施效果评价为“效果良好”，实现了预期的PPP预设效果，这意味着本项目对于其他项目有较好的示范作用，其在实施过程、用户体验、合约管理方面有诸多成效值得推广与借鉴。

由于轨道交通PPP项目是一项涉及面较广的复杂工程，本书的研究内容还存在一定的不足之处。

（1）轨道交通PPP项目实施方案的核心内容是PPP项目的交易结构，对此必须事先明确，且涵盖投资、建设、试运营、运营、移交各个阶段，可能存在一定的疏漏。

（2）轨道交通PPP项目实施效果评价指标是根据项目的决策、建设、运营等阶段综合而成，由于相关资料不够充分、调查样本有限以及指标的筛选带有一定的主观性，可能会出现疏漏；并且PPP项目融资参与方众多、关系复杂，特许协议所规定的具体运作模式多样，需要对不同模式下的具体项目进行具体评析。

（3）轨道交通PPP项目实施效果评价指标权重是通过对专家打分形式获取的基础数据进行数学处理后得到的，由于其专业性较强而受访专家群体存在一定的认知差异，所获得的数据可能具有一定的主观性，虽然通过数学手段进行统计处理，但仍无法完全消除主观性的影响。

肖　伟

2022年5月于重庆

目录

第1章 绪论

1.1 研究背景

近年来，国家越来越重视经济的健康发展和结构的有效调整。自党的十八届三中全会提出“允许社会资本通过特许经营等方式参与城市基础设施投资和运营”以来，为了拓宽城镇化建设融资渠道、完善财政投入及管理方式、促进政府职能加快转变，国务院、财政部、国家发展改革委多次发文鼓励大力推广 PPP 模式。

城市轨道交通一般属于大型建设项目，整个建设周期跨时较长，在建设期间就需要大量的资金来保证项目的正常开展。在建成后的运营期，依然需要资金来聘请工作人员、进行设备维护保养、解决设施设备的损耗等，而这些支出依然是一笔巨资。虽然在后期运营中，会有票务收入、地铁周边资源收入的进账，但是这些有限的收入很难满足城市轨道交通的正常运营需要。总体而言，国内城市轨道交通目前依然处于亏损的状态。可以说如果继续采用传统的政府主导的投融资模式，沉重的财政支出压力以及专业管理能力的不足，将严重制约城市轨道交通的发展脚步。

在这种背景下，PPP 模式在我国城市轨道交通项目中的应用越来越广泛，其所具有的优越性，得到政府部门与社会资本的普遍关注和认可。

2013 年以后，国家发展改革委曾将城市轨道交通项目的审批权下放至省级政府，国家发展改革委只负责规划批复，降低了审批门槛，大量三线、四线城市涌入城市轨道交通的建设大潮中。由此，我国城市轨道交通 PPP 项目快速落地推广，呈现遍地开花的态势。据我国城市轨道交通协会在其官网所发布的统计报告显示，截至 2017 年底，全国开通并实现运营城市轨道交通的内地城市已达 34 座，全国累计开通的城市轨道交通线路 165 条，各线路的运营总长度已逾 5 000 千米。

目前我国多省市的城市轨道交通项目已尝试使用 PPP 模式，但是相较于发达国家，我国仍处于 PPP 模式的探索与发展初期，对于城市轨道交通 PPP 项目的建设、运营及实施效果还没有形成完备的体系和经验积累，在具体项目的应用中还有许多值得研究的地方，这是许多学者研究的重点，也是本书研究的主要内容与研究方向。

1.2 国内外文献综述

1.2.1 国外研究现状

1. PPP 模式的概念

PPP 模式在 20 世纪 90 年代兴起于英国，并在随后的二十几年里向世界范围内普及，被广泛应用于大型公共基础设施建设领域。英国财政部（HM Treasury）认为 PPP 模式是以公共部门和私营部门共同协作为特征的一种安排，其中包含了公共部门和私营部门在制定政策、提供服务以及基础设施建设方面的所有合作。世界银行（The World Bank，WB）认为 PPP 模式是指为提供公共设施和服务而由私营部门和政府部门签署长期合同，并由私营部门承担重大风险及管理责任，由政府部门根据项目的绩效考核结果向私营部门支付费用。亚洲开发银行（Asian Development Bank，ADB）认为 PPP 模式是指政府及私营部门为提供资产设施或服务，如提供电力、供水、交通、教育和医疗而形成的合同关系，区别于传统采购合同，PPP 模式在合作伙伴间通过分配风险并设置具体的绩效考核付费机制以激励服务供应商提高供应效率。欧盟委员会（European Community）认为 PPP 模式是政府部门与私营部门之间的一种合作关系，其目的是提供传统上由公共部门提供的公共项目或服务。

2. PPP 模式在基础设施领域的研究

福斯勒和伯杰（Fosler and A. Berger，1982）运用实证分析法，以美国 7 座城市 PPP 模式在基础设施领域的应用情况为例，指出应该根据城市的自然条件、经济结构和政治体制特点，灵活地制定符合当地城市发展的 PPP 模式。布鲁克斯、利伯曼、谢林等（Brooks，Liebman，Schelling et al，1984）则主要从福利经济学的角度探讨了在采用 PPP 模式的基础设施项目中政府和社会资本间公平效率的平衡问题，并对发达国家参与不发达国家公共基础设施建设的问题进行了初步探索。斯帕克曼（Spackman，2002）对英国地区 PPP 模式在基础设施以及公共服务中的应用经验进行了总结和梳理，为其他国家提供了理论指导和借鉴。

3. PPP 模式的风险管控

肖雷尔·伯格和维帕达比苏特·爱（Schaurelberger J. E. and Wipadapisutl，2003）综合典型案例的研究，得出采用 PPP 模式的基础设施建设项目的风险来源主要是政治风险、财务风险和市场风险三类的结论。阿金托耶（Akintoye，2005）从项目所处的内外部环境进行识别，将风险分为宏观、中观和微观三个层面。洛斯莫尔（Loosemore，2007）基于风险与项目主体的相关性视角，将 PPP 模式的风险分为由项目宏观环境引发且与项目不直接相关的一般风险和与项目直接相关的项目风险。美达（Medda，2007）将 PPP 模式的交通基础设施建设项目风险界定为商业风险、技术风险、政治风险和融资风险四类。格里姆西和刘易斯（Grimsey and Lewis，2004）通过英国和澳大利亚 PPP 模式的实践经验，将风险划分为技术风险、建设风险、运营风险、收入风险、财务风险、不可抗力风险、法规/政治风险、环境风险、项目失败风险，并提出了风险分担战略，对采用 PPP 模式的最佳时机作了论证分析。阿金托耶（Akintoye，1997）和斯基特莫尔（Skitmore，2004）等通过发放调查问卷的方式，证明评价项目风险时采用定性分析方法的有效性，但同时也证明了其所提供的风险信息有限。邦次（Banks，1999）和沃斯（Vose，2008）在项目风险评估中引入运用数学方法的定量分析。扎德（Zadeh，1999）首次提出模糊集合的概念，解决了工程管理领域中影响因素无法定量描述的问题。世界银行提出了被广泛认可的风险分担的一般原则——项目风险应该由最有能力管理的一方分担。库珀（Cooper，2005）和格兰特（Grant，1996）等研究了如何在公共部门和私营企业之间进行风险分担。

4. PPP 项目评价

卡塔林和斯格扎（Katalin and GiSeogKong，2001）总结了 PPP 模式下公路建设的经济和财务评价方法，比较了费用—效益分析法（CBA）和多准则分析法（MCA）在 PPP 项目评价中的应用，并对公共部门项目评价和私人部门项目评价的特点作了对比分析。鲍尔·格让特（Paul A. Grout，2005）深入比较分析了 PPP 模式中资金价值的四种评估方法：完全费用效益分析、公共及民营模式的费用比较、民营模式下的费用比较、项目的盈利能力分析，并分析了在资金价值估算中的折现率选择、风险转移及 PPP 模式对工资和工作环境的影响问题。

1.2.2 国内研究现状

1. PPP 模式的概念

PPP 模式对于我国来说是“舶来品”，但并非全新的事物。PPP 模式是一种优化项目融资的实践模式，实现双赢是其基本宗旨。李秀辉（2002）最早在国内对PPP模式进行理论研究和运作流程阐述，他对PPP模式在我国公共基础设施建设中的应用进行了论证和展望。此后王灏（2005）对PPP的定义和分类进行了有益探讨，结合我国的基本国情，对PPP模式在城市交通建设中的应用进行了探索性研究。

2. PPP模式的风险管理

国内专家学者在借鉴国外PPP模式风险管理研究的基础上，结合我国实际进行了有益研究。范小军（2007）将风险划分为政治风险、法律风险、信用风险、建设风险、市场风险、金融风险以及自然环境风险七类，并根据PPP模式的特点重点列出33个风险指标，为做好风险识别工作提供了重要参考。亓霞、王守清（2009）等通过对采用PPP模式的失败案例进行系统分析，总结归纳了我国PPP项目中存在的主要风险因素，形成了较为完备的风险列表。李文启、崔冉冉（2016）重点对城镇化建设中的PPP模式进行了分析研究，认为PPP项目融资风险主要分为外部风险和内部风险两类，并提出要构建合理回报机制的建议。范小军、王方华（2007）等在模糊评价方法中引入动态观点，建立了PPP模式的项目融资风险动态模糊评价模型。何健（2008）基于层次分析法与模糊综合评价理论，创建了多层次模糊综合评价模型。肖云锋（2017）从政府角度出发，基于权责、风险分担及控制方法研究PPP模式的融资风险。

3. PPP模式在城市轨道交通中的应用研究

近年来，国内很多专家学者对PPP模式在城市轨道交通项目中的应用进行了不同程度的跟踪研究。朱巍、安蕊（2005）认为在城市轨道交通项目中采用PPP模式对我国城市轨道交通发展有着重大影响，可以有效地提高社会资金的利用效率和加快城市轨道交通事业的发展速度，并着重介绍了三种运作方式。何雯、谢伟东（2006）认为PPP模式在城市轨道交通项目中获得成功的关键在于利率风险控制。陈建校、方静（2009）基于城市轨道交通公私合作经营策略的研究，总结出目前城市轨道交通项目 PPP 模式包含的四种模式：轨道交通基础设施建设的 DBFO 模式、基础设施与升级的特许经营模式、轨道交通运营服务特许经营模式和国有经营企业股份发行的民营化模式。郑晓莉、陈峰（2010）综合国内外城市轨道交通行业 PPP 模式的研究成果和我国城市轨道交通的实际情况，提出适合我国城市轨道交通发展的对策。孙洪波（2012）认为采用 PPP 模式的城市轨道交通项目在运营过程中存在诸多风险，应根据不同风险的不同影响系数进行分类管控。

4. 项目评价研究

我国学者在项目建设后评价领域成果丰硕。乔铁民、张玫等（1988）开始对工程项目经济进行后评价，形成了我国早期的工程经济。他们从技术指标、财务指标、国民经济等方面对项目进行了后评价，并为国家出台项目后评价政策奠定了良好的基础。目前，国内较为常用的项目评价基于工程经济学、运筹学、管理学、数理统计学，层次分析法、多目标决策、博弈、期权等理论，较多采用专家评价法、因果分析法、灰色决策法等方法。评价的内容主要为项目融资方案评价、项目经济财务评价、国民经济评价、风险及不确定性因素评价等。徐霞（2009）开始研究 PPP 模式与政府监管，提出 PPP 项目应当建立项目后评价制度，只有找出项目问题所在，才能提高公共效益。王玉梅（2014）提出了项目环境特征、财务能力评价、项目内控管理、利益方满意度、创新与成长性的五维度 PPP 评价指标。林逢春（2004）从景观、噪声、城市空间等角度对上海市轨道交通项目进行了后评价研究，提出项目后评价更应当关注环境。牛志平（2005）提出了城市轨道交通项目后评价的管理及运行机制、成果的反馈及扩散机制，并在此基础上建立了城市轨道交通项目后评价体系：过程后评价、效益和影响后评价、社会影响后评价、经济效益后评价、环境影响后评价等重要成果。

1.2.3 文献述评

在公共基础设施建设项目PPP模式的研究方面，从目前的文献资料来看，国外的研究以理论研究为主，为建设项目融资市场化奠定了坚实的理论基础。与国外起步较早、较为成熟的基础设施建设PPP模式研究相比，我国对于PPP模式的研究还处于初步探索阶段。

国外学者认为轨道交通采用PPP项目相对于政府部门独自修建具有一定的比较优势。但不可否认，PPP项目在部分国家或地区也出现了运营困难、巨额补贴、公益性缺失等情况，凸显了轨道交通PPP项目存在的问题。我国正在大规模地修建轨道交通，无论在修建轨道交通城市的数量、建设总里程方面，还是在建设总投入等方面，我国都位居世界前列并且增长势头迅猛，PPP项目在我国轨道交通建设中的重要性更加凸显。基于我国城镇化发展需要，学者普遍也认为PPP项目是未来轨道交通以及其他公共交通基础设施的优先选择。但是对于轨道交通PPP项目社会资本的建设模式、运营能力以及社会资本能否继续维持轨道交通的公益性存在一定的疑虑。

国内外学者对轨道交通产业发展以及轨道交通PPP项目的建设、运营、发展都做了非常丰富的研究。但是结合我国实际国情，目前的轨道交通PPP项目多以政府的各种补贴为主，对于如何选择合适的运营模式以吸引社会资本参与轨道交通建设，以及出于选择合作对象、风险分担、项目定价、经济效应等综合考量用以实现轨道交通可持续性发展，目前还很难从已有文献中找到答案。本书通过结合我国轨道交通PPP项目实际发展需求，具体分析C市轨道交通X线PPP项目的建设、运营模式，以及评价其实施效果，进而判断相对其他建设、运营模式，PPP模式能否实现城市轨道交通建设、运营可持续以及经济效应可持续。

1.3 研究思路

本书沿着文献归纳—理论构建—案例分析—政策建议的研究脉络。首先，通过文献资料归纳北京、上海、深圳、广州、青岛、长沙、武汉、南京、天津等城市的轨道交通建设现状，分析目前我国轨道交通建设、运营中存在的问题以及制约 PPP 项目可持续发展的多层面因素，总结现有 PPP 项目难以吸引社会资本参与及其不能实现可持续发展的原因。其次，以 PPP 理论、公共品理论、轨道交通分类理论、利益相关者理论为理论基础，梳理轨道交通 PPP 的概念界定。随后，通过介绍国外轨道交通 PPP 项目案例以及分析我国发展轨道交通 PPP 项目的政策、流程、程序、动因，寻找可以借鉴的经验、教训为将来我国轨道交通 PPP 项目可持续发展提供参照。然后，讨论目前我国城市轨道交通 PPP 项目的建设流程、运营模式，并以 C 市轨道交通 X 线为例进行案例分析。再次，分析城市轨道交通 PPP 项目的实施效果，并以 C 市轨道交通 X 线为例进行实施效果评价。最后，在理论分析、案例分析的基础上，找出制约轨道交通 PPP 项目可持续发展的问题，提出相关的政策建议。

1.4 研究内容

本书主要介绍了城市轨道交通 PPP 项目的建设、运营及实施效果情况，并以 C 市轨道交通 X 线为例进行案例分析。具体内容安排如下：

第 1 章　绪论。主要介绍研究背景、意义，国内外研究现状以及研究思路。

第2章 理论基础与机制设计。主要介绍城市轨道交通PPP项目的理论基础及主要的关键机制设计。

第3章 我国城市轨道交通PPP项目的现状分析。主要介绍我国城市轨道交通PPP项目的主要法律法规、基本程序、发展现状和动因分析。

第4章 城市轨道交通PPP建设项目实施方案。主要介绍我国城市轨道交通PPP建设项目的具体实施方案，包括投资决策、风险分配、运作方式、交易结构、合同体系等核心内容。

第5章 城市轨道交通PPP建设项目物有所值评价。主要分析城市轨道交通PPP建设项目物有所值评价，包括定性评价和定量评价。

第6章 城市轨道交通PPP建设项目财政承受能力论证。主要分析城市轨道交通PPP建设项目财政承受能力论证，包括责任识别、支出测算、能力评估。

第7章 城市轨道交通PPP建设项目财务测算。主要分析城市轨道交通PPP建设项目财务测算，包括测算模型和测算基本流程。

第8章 城市轨道交通PPP建设项目招标代理。主要分析城市轨道交通PPP建设项目招标代理，包括资格预审和综合评审。

第9章 城市轨道交通PPP建设项目特许经营。主要分析城市轨道交通PPP建设项目特许经营，包括基础条件和合同体系。

第10章 城市轨道交通PPP建设项目融资。主要分析城市轨道交通PPP建设项目融资情况，包括融资政策、融资模式。

第11章 城市轨道交通PPP项目运营分析。主要分析城市轨道交通PPP项目的运营情况，包括初期运营前提条件、初期转正式运营前提条件。

第12章 城市轨道交通PPP项目实施效果分析。主要分析城市轨道交通PPP项目的实施效果，包括实施效果评价的思路、指标体系和权重。

第13章 研究结论及不足。主要介绍本书研究的结论和研究的不足。

第2章 理论基础与机制设计

2.1 理论基础

2.1.1 PPP相关理论基础

1. PPP模式的分类

PPP模式是指政府与社会资本开展合作形成伙伴关系，是主要应用于公共基础设施以及公共服务领域的一种新型项目运作方式。英国政府于1982年首次提出这一概念，并迅速在全球范围内得到普遍认可。各国和国际组织对PPP模式的界定有所不同，各有侧重，大致可分为两种：广义PPP模式和狭义PPP模式。

广义PPP模式是一个综合性的概念。综合国外及各国际组织对PPP模式的阐述可以归结如下：广义PPP模式的范畴包括为公共产品或服务而开展的政府与社会资本的各种合作形式，具体包含设计、融资、建设、运营、维护、移交等项目全生命周期不同环节的合作。

狭义PPP模式着重强调政府与社会资本经由商业行为而非传统的行政

采购手段共同出资组建 PPP 项目公司从而开展深入合作，政府通过在 PPP 项目公司中所占股份来加强对项目的控制，双方在项目合作过程中形成优势互补、风险共担和利益共享的良好伙伴关系。

国外研究文献中提到的 PPP 模式，绝大多数是指广义的 PPP 模式；目前我国对于 PPP 模式的范畴并没有明确的说明，基于目前国内现行的法规政策中对 PPP 模式的定义以及列举，有权威专家认为我国目前对 PPP 模式的定义属于国际上狭义 PPP 模式的范畴。

2. PPP 模式的运作方式

采用 PPP 模式的项目通常因项目间的诸多差异而存在着种类繁多的运作方式，同一项目在不同阶段所适用的运作方式也不尽相同。国际上广义 PPP 模式的运作方式不一而足，可细分为建设—运营—转让（BOT）、建设—拥有—运营（BOO）、建设—拥有—运营—转让（BOOT）、转让—运营—转让（TOT）、转让—运营—私人（TOC）、管理合同（MC）、设计—建设—融资—运营（DBFO）、民间主动融资（PFI）、建设—移交（BT）、设计—施工总承包（DB）等具体模式，这些具体模式大体可归为以下三类：外包类、特许经营类和私有化类。

（1）外包类。

外包类 PPP 项目通常由政府单方投资，社会资本通过承包的方式参与到项目中来。一般社会资本可能承包整个 PPP 项目中如土建工程施工、设施维护管理、公务服务的提供等工作中的一项或几项，主要通过政府付费的支付方式实现收益。此类 PPP 项目中，社会资本只需要按照约定提供相应劳务或服务，就可以从政府方获取相对固定的收益，其所承担的风险很小。

（2）特许经营类。

特许经营类 PPP 项目中的社会资本方一般需要参与项目部分或全部的投资，按照一定的风险分担机制与政府方各自承担对应部分的风险，在特许经营期内与政府方共享项目的收益。当项目的实际收益不能覆盖建设期的投资，社会资本不能实现成本的回收和获得合理的利润时，政府方需要根据双方在项目初始阶段约定的补贴方式，对社会资本方进行相应的财政补贴。特许经营期满后，社会资本方须将项目全部资产无偿移交给政府。

（3）私有化类。

私有化类 PPP 项目中社会资本须承担项目的全部投资责任。这类项目在正常情况下，通过用户付费的方式即可实现投资成本的回收和获取合理的收益，项目最终所形成资产的所有权归社会资本方所有。在私有化类 PPP 项目中社会资本方几乎承担了项目的全部风险。

2.1.2 公共品理论

公共品最早作为经济学理论出现于 19 世纪 80 年代，是边际效用价值理论应用于财政领域的重要成果之一。以萨克斯（Sax，1886）为代表的奥意学派将分析私人品的边际效用理论运用到公共品的研究中。核心观点在于其认为个人需求与集体需求的差异导致了社会总体成本分担的不同。个人需求是利益集团的需求，应该按照会员的意愿确定物品的成本分担，可以产生超额收益；而集体需求即产生公共品，应该按照等价原理确定个人的税额，即减少个人收入所牺牲的损失要等同于其从公共品中获得的回报，不能产生超额收益。从产品属性的层面分析一种商品或服务是否产生超额收益成为判断一种商品或者服务是公共品还是私人品的重要依据，因为超额收益存在的根本原因是消费的竞争性。随后产生的以林达尔（1919）为代表的瑞典学派对公共品理论进行了模型化处理，其不同于奥意学派关于公共品理论的地方在于，林达尔认为消费者具有足够的理性去认识到公共品供给不足的危害远大于税负增加的危害。

萨缪尔森（Samuelson，1954；1955）在其两篇著作《公共支出的纯理论》《公共支出理论的图式探讨》中给出了被视为经典的公共品定义，即所有人共同享有的集体消费品，每个人对该产品的消费不减少任何其他人的消费以及消费质量，从而所有个人和集体的消费都有优化。萨缪尔森还认为公共品的最优决策机制不能沿用市场化中私人品分散化的决策竞争机制，公共品的最优消费水平有必要尝试其他类型的决策或信号传递机制，但也认为市场失灵的现象不能掩盖市场参与公共品能够带来的有益作用，市场参与的程度才是提高公共品服务质量的核心。公共品的最优供给是帕累托效率，如果存在局部帕累托效应或者帕累托改进，则公共品服务没有达到最优效率。

萨缪尔森对于公共品理论的普及提供了非常有价值的学术意义，但由于其定义过于严格，在现实世界中很难找到完全符合其定义的产品，其理论也受到了一些批评。经过几十年的学术研究及发展，阿特金森和斯蒂格利茨（Atkinson and Stiglitz，1992）最终结合现实世界将公共品定义为：一类商品具有一种特质（在对该商品总支出不变的情况下），某个人消费的增加并不会使其他人的消费以同量减少。这一定义也被认为是公共品目前最为普遍的解释。巴泽尔（Barzel，1997）将公共品理论从产品属性的定位延伸到了产业发展，其理论认为物品属性有多重性，完全公共品或完全私人品均很少，所以公共品属性偏高的产业应该以政府发展为主，而私人品属性偏高的产业以市场化为宜，处于二者之间的兼具成本弱增性、规模效应的产业应利用政府和市场化合作 PPP 项目运行。巴泽尔的理论是目前公共品理论在产业发展维度被普遍认同的观点。

2.1.3　轨道交通相关理论基础

轨道交通是指运营车辆需要在特定轨道上行驶的一类交通工具或运输系统。以服务范围差异为分类标准，轨道交通可分为国家铁路系统、城际轨道交通和城市轨道交通三大类。

其中城市轨道交通是以电能为主要动力能源，采用轮轨运转体系的大运量、快速公共交通系统，通常由轻型动车组或有轨电车作为运送载体，主要负责无障碍、短距离的旅客运输。城市轨道交通因其具有的运量大、速度快、班次密、安全舒适、准点率高、运费低和绿色节能等优点，以及在城镇化建设进程中疏导拥堵的地面交通和分解密集客流等方面的出色表现，被世界各国作为解决城市交通问题的根本出路和城市发展的必由之路。

准公共物品区别于纯公共物品和私人物品，具有有限的非竞争性和非排他性。准公共物品的供给在消费者人数增加到某种程度时会出现拥挤，从而导致消费的竞争。城市轨道交通属于典型的准公共物品，其具有明显的正外部性，价格受到政府严格的控制；可以有效解决城市交通拥堵问题，满足现代社会人们快节奏生活的需要；有利于促进城市经济特别是沿线地区相关产业的快速发展和区域间经济、文化等的交流与沟通，为市民的公共生活创造更多便利；可以改变原有的出行方式，对环保低碳出行等起到推进作用。一般来说城市轨道交通项目建设周期较长，要经历 4 ~ 5 年的建设期、10 年左右的成长期以及 15 年左右的成熟期。随着城市轨道交通建设项目逐步增多，路网规模逐渐扩大，日趋稳定的客流量也越来越多，由此产生越来越明显的商业价值和逐步完善的服务功能，进一步促进城市轨道交通的发展。

2.1.4 相关利益者理论

城市轨道交通 PPP 项目的实施，必定是基于众多利益相关者的诉求，利益相关者的期望和最终感受直接影响着轨道交通 PPP 项目的评价效果，因此有必要从利益相关者理论的角度梳理轨道交通 PPP 项目的各利益相关者。

利益相关者理论成为一个独立的理论分支得益于伊戈尔·安索夫（lgor Ansoff，1965）在其著作《公司战略》中的论述，其第一次将人脉关系和人际关系的重要性纳入管理学范畴，进而引申到参与项目的集体中，即如何满足每一个项目参与者的最大利益。随着社会的发展，不少经济学者对利益相关者理论贡献了丰富的理论成果，其中最具有代表性的当属弗里曼（Freeman，1984）和克拉克森（Clarkson，1994）。弗里曼

(1984）在《战略管理：一种利益相关者的方法》中明确了在工程领域利益相关者的概念界定，他认为对于项目感兴趣并且愿意为项目的成功付出一些东西的人以及因为项目获得一些东西的人都属于利益相关者。项目运行的成功必须兼顾更多利益相关者的需求，尽可能地团结更多的利益相关者，提前根据不同利益相关者的利益需求控制潜在项目风险的出现。克拉克森（1994）在弗里曼的基础上加以延伸，并提出在企业中投入了实物资本、知识资本、人力资本、财务资本等，又在某种程度上承担了一些风险的人也属于利益相关者，政府部门和私人部门在处理利益相关者潜在风险时均存在一定的优势和劣势。克拉克森将利益相关者延伸到了投资领域及风险管理领域，为后续研究奠定了坚实的理论基础。

根据克拉克森的观点，众多利益相关者的利益需求及风险处理单纯依靠政府部门或者私人部门很难兼顾，即使 PPP 项目公私合作也不可能兼顾所有利益相关者的利益需求，但政府部门和私人部门对处理不同利益相关者的利益需求各有优势，二者也适合处理不同的潜在风险，按照利益相关者理论能够起到团结更多利益相关者的目的，PPP 项目有其存在的价值。

2.2　机制设计

2.2.1　风险分担机制

由于轨道交通 PPP 项目动辄耗资上百亿元人民币，社会资本在决定是否参与轨道交通 PPP 项目时，最关心的问题之一就是风险分担。风险的合理分担既可以在风险发生前将可能发生的风险降到最低，又可以利用合理的风险分担机制起到督促轨道交通 PPP 项目的参与各方勤勉尽责，从而达到规避风险的目的。所以，为确保 PPP 项目风险合理分担，应该明确以下机制：

1. 公平公正机制

公平公正机制是市场经济发展必须遵循的根本性机制。但是在我国实际落地的 PPP 项目中，公平公正机制还存在值得改进的地方。政府与社会资本如何明确双方的职责以确保 PPP 项目的顺利实施，公平公正机制是需要落实的第一机制。关于政府承诺问题，我国依然存在地方政府利用自身的特殊地位违背合同的案例，这种明显背离契约精神的做法显然有碍于 PPP 项目的顺利推进。例如，2017 年 8 月湖南某县在没有法律依据的情况下，一纸公文直接宣布 2015 年 1 月 1 日之前所签订的包含 PPP 项目在内的政府融资协议全部作废。而 PPP 项目正是政府解决基础设施建设资金短缺的一种融资模式，此类案例的发生容易导致有意愿参与轨道交通 PPP 项目的社会资本产生忧虑。所以，风险分担的第一机制必须以《合同法》为基础实现公平公正，保障签署协议的各方履行义务以及落实风险分担机制，才能在根本上保证参与轨道交通 PPP 项目企业的合法权益。

2. 风险收益一致机制

风险收益一致机制要求项目的参与各方在项目实施阶段，所获得的收益应该与其所承担的风险相一致。参与轨道交通 PPP 项目的各方通常包括政府、城投公司、社会资本、建筑施工企业等，各方应该以出资占比为核心，分担可能存在的收益以及风险。过去普遍认为风险收益一致机制是为了保护社会资本而存在，以规范政府的行为使其不能因为地位特殊在承担有限风险的同时享受超额收益。但现在的情况是，部分地方政府愿意给予参与 PPP 项目的社会资本以高出其所承担风险比例的收益，通常采取超额分配或是超额补贴的政策，而且这种情况愈发普遍。造成这种现象的原因在于，由于国家鼓励以 PPP 项目参与基础设施建设，所以在地方政府官员的执政考核中社会资本参与 PPP 项目的收益显得尤为重要，进而导致地方政府官员为了一种所谓的政治正确，给予参与 PPP 项目的社会资本高额收益，导致建设成本上升，反而增加了政府财政压力，丧失了 PPP 项目的原有意义。

3. 有效控制机制

有效控制机制是指政府部门和社会资本利用各自优势，在满足公平机制和风险收益一致机制的前提下，合理分配轨道交通 PPP 项目的总风险。轨道交通 PPP 项目风险可以具体分为市场风险、运营风险、外部风险、法律风险四大类。对于参与项目的政府部门和社会资本，应该利用经济学中的比较优势理论分配项目风险。政府部门在实际操作中，利用自身优势能够更有效地把握外部风险以及法律风险。同样，社会资本通过专业团队的经营管理可以更有效地控制市场风险和运营风险。

4. 动态分担机制

由于轨道交通 PPP 项目建设周期长、初始投入大、项目建设难度大，所以项目风险对于社会资本具有一定的准入门槛。为了进一步吸引社会资本参与轨道交通 PPP 项目建设，利用风险动态分担机制，可以在一定程度上缓解参与轨道交通 PPP 项目建设社会资本的压力。客流量对于轨道交通 PPP 项目的收入是非常重要的，如果客流量长期低于预期而导致轨道交通票价收入不如预期，进而出现运营风险，政府部门就应该协助社会资本承担部分运营风险；同样，如果客流量远大于预期客流量，社会资本也应该让渡部分收入给政府部门以提高政府部门的合理收益。风险动态分担机制既可以保障项目的风险合理释放，又可以满足公平公正机制。

2.2.2　定价机制

根据公共品理论，轨道交通兼具公共品及私人物品特性，如何平衡二者之间的关系，设计合理的轨道交通票价，需要结合政府规制与市场间的博弈关系，制定合理的定价机制。

结合国内外轨道交通 PPP 项目的定价机制，总结出现有的定价机制主要分为以下三类。

1. 消费可负担机制

不同地区由于经济发展及人均收入存在差异，所以轨道交通的补贴应该以人均消费补贴为主，通过大数据计算出人均通过地铁出行的里程数，按一定的比例计算出政府补贴的总金额，并严格控制政府补贴的支出。鼓励社会资本开展合理竞争，这种定价机制更加强调轨道交通的私人品的属性，对于票价采取比较宽松的管制。

2. 总成本补偿机制

轨道交通 PPP 项目存在建设成本与运营成本，通过总成本补偿机制，由政府部门承担建设期间及运营期间的大部分项目风险，同时给予政府部门干预轨道交通票价的权力，维持轨道交通的公用事业属性，强化政府的监管及普通民众的利益。

3. 合理盈亏机制

该机制将轨道交通 PPP 项目的合理盈亏考虑在内。轨道交通 PPP 项目的资金不仅来自政府部门还来自社会资本，所以在该模式下，一方面政府部门对于社会资本提供适当扶持，社会资本在先期评估的基础上自负盈亏；另一方面轨道交通票价是否上涨，政府有很强的投票权及影响力，但是政府无强制干预票价上涨的行政权力。

诚然，同时满足所有利益相关者需求的轨道交通定价机制，几乎是不可能存在的。故而，如何确定轨道交通 PPP 项目定价机制，应该从当地经济发展水平、人均收入、交通便利程度等方面进行综合考量，尽可能地在政府社会效益、乘客利益以及企业收益之间得到平衡。目前多数国家或地区采用的是总成本补偿机制，以保障轨道交通公共品属性为优先选择，但是优先保证轨道交通 PPP 项目的公共品属性以确保乘客利益，在票价长期恒定的情况下要维持社会资本的持续运营，政府还必须维持补贴力度，而这种补贴随着轨道交通建设规模的扩大容易导致政府部门难以支撑。反之，如果政府的补贴力度不能保证企业正常盈利，企业很可能通过压缩成本、降低轨道交通服务质量来维持运营，最终损害公共利益。

第3章 我国城市轨道交通PPP项目的现状分析

3.1 我国城市轨道交通PPP项目的政策法规

3.1.1 轨道交通建设方面

城市轨道交通项目具有一次性投资大、运行费用高、社会效益好而自身经济效益差的特点。

1. 加强城市快速轨道交通建设管理

国务院办公厅发布的《关于加强城市快速轨道交通建设管理的通知》中指出，发展城市轨道交通应当坚持量力而行、规范管理、稳步发展的方针，合理控制建设规模和发展速度，确保与城市经济发展水平相适应，防止盲目发展或过分超前。现阶段，申报发展地铁的城市应达到下述基本条件：地方财政一般预算收入在100亿元以上，国内生产总值达到1 000亿元以上，城区人口在300万人以上，规划线路的客流规模达到单向高峰小时3万人以上；申报建设轻轨的城市应达到下述基本条件：地方财政一般预算收入在60亿元以上，国内生产总值达到600亿元以上，城区人口在

150 万人以上，规划线路客流规模达到单向高峰小时 1 万人以上。对经济条件较好、交通拥堵问题比较严重的特大城市，其城市轨道交通项目予以优先支持。同时加强城市轨道交通建设规划的编制、审批工作，严格项目审批程序，城市轨道交通发展直接影响到城市的布局结构和发展方向，应统筹规划、分步实施。所有拟建设城市轨道交通项目的城市，应在编制城市总体规划及城市交通发展规划的基础上，根据城市发展要求和财力情况，组织制定城市轨道交通建设规划，明确远期目标和近期建设任务，以及相应的资金筹措方案。由于建设标准和工程造价高是当前影响城市轨道交通发展的一个重要问题，所以城市轨道交通建设必须坚持经济、实用、安全的原则，严格控制工程建设标准；车站等设施装修要严格控制使用高档豪华材料。要通过提高规划、设计和施工水平，合理选择线路敷设方式、车站形式和换乘方式，采用科学的运营组织模式等措施，降低工程造价和运行费用。

2. 加强城市轨道交通规划建设管理

城市轨道交通是现代城市交通系统的重要组成部分，是城市公共交通系统的骨干。国务院办公厅印发《关于加强城市快速轨道交通建设管理的通知》以来，我国城市轨道交通发展总体有序，对提升城市公共交通供给质量和效率、缓解城市交通拥堵、引导优化城市空间结构布局、改善城市环境起到了重要作用。

国务院办公厅发布的《关于进一步加强城市轨道交通规划建设管理的意见》进一步指出，城市轨道交通系统，除有轨电车外均应纳入城市轨道交通建设规划并履行报批程序。地铁主要服务于城市中心城区和城市总体规划确定的重点地区，申报建设地铁的城市一般公共财政预算收入应在 300 亿元以上，地区生产总值在 3 000 亿元以上，市区常住人口在 300 万人以上。引导轻轨有序发展，申报建设轻轨的城市一般公共财政预算收入应在 150 亿元以上，地区生产总值在 1 500 亿元以上，市区常住人口在 150 万人以上。拟建地铁、轻轨线路初期客运强度分别不低于每日每公里

0.7 万人次、0.4 万人次，远期客流规模分别达到单向高峰小时 3 万人次以上、1 万人次以上。以上申报条件将根据经济社会发展情况按程序适时调整。同时政府要根据城市总体规划、土地利用总体规划、城市综合交通体系规划，合理制定城市轨道交通线网规划，确定城市轨道交通近期建设线路，加强对居民区、商业区、交通枢纽等客流密集区域的覆盖，做好城市轨道交通规划线路沿线土地预留和控制，防止其他建设对城市轨道交通走廊空间的侵占。在此基础上，根据相关规划和城市发展需要、财力等情况制定城市轨道交通分期建设规划，规划期限一般为 5～6 年。建设规划要合理选择轨道交通系统制式、敷设方式，科学确定建设规模、项目时序、资金筹措方案，确保建设期和运营期的政府支出规模与财力相匹配，着力提升投资效益。强化城市轨道交通与其他交通方式的衔接融合，城市轨道交通规划要与国家铁路、城际铁路、枢纽机场等规划相衔接，通过交通枢纽实现方便、高效换乘。要加强节地技术和节地模式创新应用，鼓励探索城市轨道交通地上地下空间综合开发利用，推进建设用地多功能立体开发和复合利用，提高空间利用效率和节约集约用地水平。编制城市轨道交通建设规划时，应同步组织开展规划环境影响评价，由生态环境主管部门按程序审查环境影响报告书。要统筹城市轨道交通建设与人才培养，将人才培养和保障措施纳入建设规划。

3.1.2　鼓励社会投资方面

改革开放以来，我国民间投资不断发展壮大，已经成为促进经济发展、调整产业结构、繁荣城乡市场、扩大社会就业的重要力量。在毫不动摇地巩固和发展公有制经济的同时，毫不动摇地鼓励、支持和引导非公有制经济发展，进一步鼓励和引导民间投资，有利于坚持和完善我国社会主义初级阶段基本经济制度，以现代产权制度为基础发展混合所有制经济，推动各种所有制经济平等竞争、共同发展；有利于完善社会主义市场经济体制，充分发挥市场配置资源的基础性作用，建立公平竞争的市场环境；

有利于激发经济增长的内生动力，稳固可持续发展的基础，促进经济长期平稳较快发展；有利于扩大社会就业，增加居民收入，拉动国内消费，促进社会和谐稳定。

1. 鼓励和引导民间投资健康发展

国务院发布的《关于鼓励和引导民间投资健康发展的若干意见》中指出，鼓励民间资本参与交通运输建设，以独资、控股、参股等方式投资建设公路、水运、港口码头、民用机场、通用航空设施等项目。抓紧研究制订铁路体制改革方案，引入市场竞争，推进投资主体多元化，鼓励民间资本参与铁路干线、铁路支线、铁路轮渡以及站场设施的建设，允许民间资本参股建设煤运通道、客运专线、城际轨道交通等项目。探索建立铁路产业投资基金，积极支持铁路企业加快股改上市，拓宽民间资本进入铁路建设领域的渠道和途径。

2. 开展政府和社会资本合作

为贯彻落实国务院《关于创新重点领域投融资机制鼓励社会投资的指导意见》关于鼓励和引导社会投资，增强公共产品供给能力的要求，国家发展和改革委发布《关于开展政府和社会资本合作的指导意见》，指出政府和社会资本合作（PPP）模式是指政府为增强公共产品和服务供给能力、提高供给效率，通过特许经营、购买服务、股权合作等方式，与社会资本建立的利益共享、风险分担及长期合作关系。开展政府和社会资本合作，有利于创新投融资机制，拓宽社会资本投资渠道，增强经济增长内生动力；有利于推动各类资本相互融合、优势互补，促进投资主体多元化，发展混合所有制经济；有利于理顺政府与市场关系，加快政府职能转变，充分发挥市场配置资源的决定性作用。各地可以根据当地实际及项目特点，积极探索、大胆创新，通过建立合理的“使用者付费”机制等方式，增强吸引社会资本能力，并灵活运用多种 PPP 模式，切实提高项目运作效率。

3. 做好社会资本投融资工作

为贯彻落实党中央、国务院决策部署，加大投融资创新力度，充分发挥社会资本积极作用，促进重点项目实施，合理扩大有效投资，国家发展改革委办公厅发布的《关于进一步做好社会资本投融资合作对接有关工作的通知》中指出，在开展投融资合作对接过程中，要坚持新建和存量并重，积极选择适宜盘活的存量项目，通过产权交易、存量和改扩建有机结合、挖掘闲置低效资产价值等多种方式予以盘活，吸引社会资本参与。推动更多符合条件的存量项目发行基础设施 REITs，打通投资退出渠道，提升企业参与基础设施建设的积极性。优先支持具备持续盈利能力的存量项目开展政府和社会资本合作（PPP），发挥社会资本专业优势，提升项目运营效率。对盘活存量回收资金投入的新项目，要加强投融资合作对接，鼓励金融机构加大支持力度，推动加快项目前期工作，促进项目尽快开工建设。充分发挥主观能动性，在依法合规的前提下创新性地开展工作，积极探索新的投融资模式。支持企业创新投资方式方法，鼓励金融和投资机构创新产品和服务模式，提升金融服务实体经济质效。要积极挖掘和发现本地区在创新投融资模式、促进有效投资方面的优秀案例，总结提炼，形成可复制、可推广的典型经验，采取多种方式宣传推广。要认真学习借鉴先进地区创新投融资模式的有效做法，改进完善本地区投融资政策，营造良好投资环境，促进有效投资。

3.1.3　政府购买服务方面

国务院办公厅发布的《关于政府向社会力量购买服务的指导意见》中指出，要加快推进政府购买服务改革。财政部、民政部、国家工商总局制定的《政府购买服务管理办法（暂行）》中指出，通过发挥市场机制作用，把政府直接提供的一部分公共服务事项以及政府履职所需服务事项，按照一定的方式和程序，交由具备条件的社会力量和事业单位承担，并由政府根据合同约定向其支付费用。

3.1.4 PPP 方面

1. 推广运用 PPP 模式

为贯彻落实党的十八届三中全会关于“允许社会资本通过特许经营等方式参与城市基础设施投资和运营”精神，拓宽城镇化建设融资渠道，促进政府职能加快转变，完善财政投入及管理方式，尽快形成有利于促进PPP 模式发展的制度体系，财政部发布了《关于推广运用政府和社会资本合作模式有关问题的通知》中指出，政府和社会资本合作模式是在基础设施及公共服务领域建立的一种长期合作关系。通常模式是由社会资本承担设计、建设、运营、维护基础设施的大部分工作，并通过使用者付费及必要的政府付费获得合理投资回报；政府部门负责基础设施及公共服务价格和质量监管，以保证公共利益最大化。当前，我国正在实施新型城镇化发展战略，城镇化是现代化的要求，也是稳增长、促改革、调结构、惠民生的重要抓手。立足国内实践，借鉴国际成功经验，推广运用 PPP 模式，是国家确定的重大经济改革任务，对于加快新型城镇化建设、提升国家治理能力、构建现代财政制度具有重要意义。

推广运用 PPP 模式，是促进经济转型升级、支持新型城镇化建设的必然要求。政府通过 PPP 模式向社会资本开放基础设施和公共服务项目，可以拓宽城镇化建设融资渠道，形成多元化、可持续的资金投入机制，有利于整合社会资源，盘活社会存量资本，激发民间投资活力，拓展企业发展空间，提升经济增长动力，促进经济结构调整和转型升级。推广运用 PPP 模式，是加快转变政府职能、提升国家治理能力的一次体制机制变革。推广运用 PPP 模式，是深化财税体制改革、构建现代财政制度的重要内容。适宜采用 PPP 模式的项目，具有价格调整机制相对灵活、市场化程度相对较高、投资规模相对较大、需求长期稳定等特点。各级财政部门要重点关注城市基础设施及公共服务领域，如城市供水、供暖、供气、污水和垃圾处理、保障性安居工程、地下综合管廊、轨道交通、医疗和养老服务设施等，优先选择收费定价机制透明、有稳定现金流的项目。

2. 推进政府和社会资本合作规范发展

在公共服务领域推广运用 PPP 模式，引入社会力量参与公共服务供给，提升供给质量和效率，是党中央、国务院作出的一项重大决策部署。为贯彻落实中央经济工作会议和全国财政工作会议精神，有效防控地方政府隐性债务风险，充分发挥 PPP 模式积极作用，落实好“六稳”工作要求，补齐基础设施短板，推动经济高质量发展。财政部发布《关于推进政府和社会资本合作规范发展的实施意见》，鼓励政府加大融资支持，结合自身财力状况，因地制宜采取注入资本金、运营补贴等方式支持规范的 PPP 项目。引导保险资金、中国 PPP 基金加大项目股权投资力度，拓宽项目资本金来源。鼓励通过股权转让、资产交易、资产证券化等方式，盘活项目存量资产，丰富社会资本进入和退出渠道。并且加强信息披露，依托全国 PPP 综合信息平台，对 PPP 项目信息进行全流程公开披露、汇总统计和分析监测，完善项目库“能进能出”的动态调整机制，不以入库为项目合规“背书”，不以入库作为商业银行贷款条件。

3. PPP 模式操作指南

为保证 PPP 项目实施质量，规范项目识别、准备、采购、执行、移交各环节操作流程，财政部印发了《政府和社会资本合作模式操作指南（试行）》，指出投资规模较大、需求长期稳定、价格调整机制灵活、市场化程度较高的基础设施及公共服务类项目，适宜采用 PPP 模式。PPP 项目由政府或社会资本发起，以政府发起为主。为确保财政中长期可持续性，财政部门应根据项目全生命周期内的财政支出、政府债务等因素，对部分政府付费或政府补贴的项目，开展财政承受能力论证，每年政府付费或政府补贴等财政支出不得超出当年财政收入的一定比例。通过物有所值评价和财政承受能力论证的项目，可进行项目准备。具体流程如图 3.1 所示。

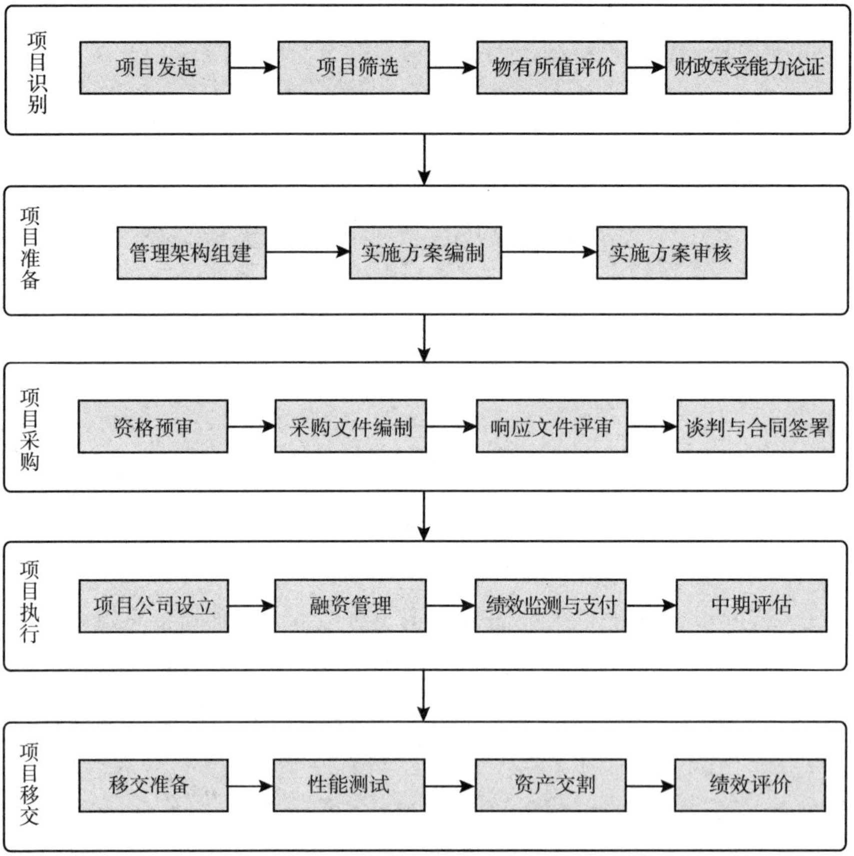

图 3.1　PPP 模式操作流程

4. 规范 PPP 合同管理

PPP 模式是在基础设施和公共服务领域政府和社会资本基于合同建立的一种合作关系。“按合同办事”不仅是 PPP 模式的精神实质，也是依法治国、依法行政的内在要求。加强对 PPP 合同的起草、谈判、履行、变更、解除、转让、终止直至失效的全过程管理，通过合同正确表达意愿、合理分配风险、妥善履行义务、有效主张权利，是政府和社会资本长期友好合作的重要基础，也是 PPP 项目顺利实施的重要保障。财政部发布的

《关于规范政府和社会资本合作合同管理工作的通知》，要求政府和社会资本应在 PPP 项目合同中明确界定双方在项目融资、建设、运营、移交等全生命周期内的权利义务，并在合同管理的全过程中真实表达意思表示，认真恪守合同约定，妥善履行合同义务，依法承担违约责任。在 PPP 项目合同中要始终贯彻物有所值原则，在风险分担和利益分配方面兼顾公平与效率。既要通过在政府和社会资本之间合理分配项目风险，实现公共服务供给效率和资金使用效益的提升，又要在设置合作期限、方式和投资回报机制时，统筹考虑社会资本方的合理收益预期、政府方的财政承受能力以及使用者的支付能力，防止任何一方因此过分受损或超额获益。

3.2　我国城市轨道交通 PPP 项目的基本程序

PPP 项目从明确投入方式、选择合作伙伴、确定运营补贴到提供公共服务，涉及预算管理、政府采购、政府性债务管理，以及财政支出绩效评价等财政职能。推广运用 PPP 模式对财政管理提出了更高要求。地方各级财政部门要提高认识、勇于担当，认真做好相关财政管理工作。

3.2.1　着力提高财政管理能力

PPP 项目建设周期长、涉及领域广、复杂程度高，不同行业的技术标准和管理要求差异大，专业性强。地方各级财政部门要根据财税体制改革总体方案要求，按照公开、公平、公正的原则，探索项目采购、预算管理、收费定价调整机制、绩效评价等有效管理方式，规范项目运作，实现中长期可持续发展，提升资金使用效益和公共服务水平。同时，注重体制机制创新，充分发挥市场在资源配置中的决定性作用，按照“风险由最适宜的一方来承担”原则，合理分配项目风险，原则上由社会资本承担项目设计、建设、财务、运营维护等商业风险，由政府承担政策、法律和最低需求风险等。

3.2.2 认真做好项目评估论证

地方各级财政部门要会同行业主管部门，根据有关政策法规要求，扎实做好项目前期论证工作。除传统的项目评估论证外，还要积极借鉴物有所值评价理念和方法，对拟采用 PPP 模式的项目进行筛选，必要时可委托专业机构进行项目评估论证。评估论证时，要与传统政府采购模式进行比较分析，确保从项目全生命周期看，采用 PPP 模式能够提高服务质量和运营效率，或者降低项目成本。项目评估时，要综合考虑公共服务需要、责任风险分担、产出标准、关键绩效指标、支付方式、融资方案和所需要的财政补贴等要素，平衡好项目财务效益和社会效益，确保实现激励相容。

3.2.3 规范选择项目合作伙伴

地方各级财政部门要依托政府采购信息平台，加强 PPP 项目政府采购环节的规范与监督管理。财政部将围绕实现物有所值价值目标，探索创新适合 PPP 项目采购的政府采购方式。地方各级财政部门要会同行业主管部门，按照《政府采购法》及有关规定，依法选择项目合作伙伴。要综合评估项目合作伙伴的专业资质、技术能力、管理经验和财务实力等因素，择优选择诚实守信、安全可靠的合作伙伴，并按照平等协商原则明确政府和项目公司间的权利与义务。可邀请有意愿的金融机构尽早进入项目磋商进程。

3.2.4 细化完善项目合同文本

地方各级财政部门要会同行业主管部门协商订立合同，重点关注项目的功能和绩效要求、付款和调整机制、争议解决程序、退出安排等关键环节，积极探索明确合同条款内容。财政部将在结合国际经验、国内实践的基础上，制定 PPP 模式操作指南和标准化的 PPP 模式项目合同文本。在订立具体合同时，地方各级财政部门要会同行业主管部门、专业技术机构，因地制宜地研究完善合同条款，确保合同内容全面、规范、有效。

3.2.5　完善项目财政补贴管理

对项目收入不能覆盖成本和收益，但社会效益较好的 PPP 项目，地方各级财政部门可给予适当补贴。财政补贴要以项目运营绩效评价结果为依据，综合考虑产品或服务价格、建造成本、运营费用、实际收益率、财政中长期承受能力等因素合理确定。地方各级财政部门要从“补建设”向“补运营”逐步转变，探索建立动态补贴机制，将财政补贴等支出分类纳入同级政府预算，并在中长期财政规划中予以统筹考虑。

3.2.6　健全债务风险管理机制

地方各级财政部门要根据中长期财政规划和项目全生命周期内的财政支出，对政府付费或提供财政补贴等支持的项目进行财政承受能力论证。在明确项目收益与风险分担机制时，要综合考虑政府风险转移意向、支付方式和市场风险管理能力等要素，量力而行，减少政府不必要的财政负担。省级财政部门要建立统一的项目名录管理制度和财政补贴支出统计监测制度，按照政府性债务管理要求，指导下级财政部门合理确定补贴金额，依法严格控制政府或有债务，重点做好融资平台公司项目向 PPP 项目转型的风险控制工作，切实防范和控制财政风险。

3.2.7　稳步开展项目绩效评价

省级财政部门要督促行业主管部门，加强对项目公共产品或服务质量和价格的监管，建立政府、服务使用者共同参与的综合性评价体系，对项目的绩效目标实现程度、运营管理、资金使用、公共服务质量、公众满意度等进行绩效评价。绩效评价结果应依法对外公开，接受社会监督。同时，要根据评价结果，依据合同约定对价格或补贴等进行调整，激励社会资本通过管理创新、技术创新提高公共服务质量。

3.3 我国城市轨道交通 PPP 项目的发展现状

PPP 模式作为推进公共产品和服务改革的重要途径，从 2014 年开始在全国范围内广泛推行。当前，在我国处于经济新常态以及巨额隐性债务的大背景下，运用 PPP 模式提供公共服务仍将是今后一段时期的常态。而在我国城市轨道交通领域，基本上由政府单一投资建设轨道交通工程，但城市轨道交通投资额巨大，一定程度上加重了地方政府债务负担。为降低地方债务系统性风险，急需突破投资结构局限，采用 PPP 模式，吸引社会资本参与轨道交通的投资、建设和运营，不仅可以在很大程度上弥补传统治理模式中资金、技术与管理等方面的不足，而且可以充分发挥政府和社会资本的各自优势，进而降低项目的整体风险，提高公共产品与服务供给质量，实现可持续的、多赢目标的轨道交通和城市发展。

轨道交通领域 PPP 项目作为近几年的热门 PPP 项目，具有运量大、效率高、乘坐方便等优点，是解决城市交通拥堵问题的重要途径。据财政部 PPP 中心管理项目库统计，截至 2019 年 4 月底，轨道交通领域 PPP 项目数 83 个，投资额高达 1 万亿元，单体项目投资额高达 121.51 亿元，其中，有 67.47% 的项目已进入执行阶段，项目落地率较高。

2018 年至 2019 年 4 月，国家发改委共批复 9 个城市轨道交通重大项目，包含苏州、杭州、济南、上海、长春、重庆、沈阳、武汉、郑州，项目里程达到 1 232.51 公里，投资总额达到 9 576.06 亿元。国家发改委

《关于加强城市轨道交通规划建设管理的通知》指出，积极吸引民间投资参与城市轨道交通项目，鼓励规范开展城市轨道交通领域PPP项目。国务院办公厅《关于进一步加强城市轨道交通规划建设管理的意见》也明确指出，为缓解轨道交通建设资金压力，减少地方政府债务增量，对于新申报建设规划的城市，建议优先考虑采用PPP模式实施城市轨道交通项目。

在PPP项目的助力下，近年来我国城市轨道交通投资规模持续扩大。2020年我国城市轨道交通投资完成额再创新高，达到6 286亿元，同比增长5.49%。“十三五”期间，全国累计完成建设投资26 278.7亿元，相比“十二五”期间所完成建设投资总额的12 289亿元翻了一番还多。“十三五”期间我国城市轨道交通年均完成建设投资5 255.7亿元。PPP模式在未来一段时间内仍将继续发挥其重要的融资功能。在国家政策的大力支持下，我国城市轨道交通领域PPP项目呈现出以下较为明显的特点。

3.3.1　单体项目投资额巨大、建设周期长

据财政部PPP中心管理项目库统计，截至2019年4月底，管理库项目累计8 918个，投资总额达13.52万亿元，其中，轨道交通领域PPP项目数为83个，占全部PPP项目总数的0.93%，投资额却高达1万亿元，占全部PPP项目投资总额的7.44%，单体项目投资额高达121.51亿元，平均建设周期5.1年。

3.3.2　监管主体复杂多元

轨道交通PPP项目在单体项目中的建设、运营是非常复杂的，对于项目公司而言，其在建设期、运营期面临的监管主体除项目实施机构外，还受到财政部门、行业主管部门、实施机构委托代表、线路运营控制中心（OCC）或线网运营控制中心（TCC）、自动售检票系统清算管理中心（ACC）、建设（运营）期协调委员会、各相关政府职能部门等多元行为

主体的监管。

3.3.3 运营管理方式多样

从 PPP 管理项目库以及结合实操经验来看，目前轨道交通领域 PPP 项目的运营管理方式主要有三种：一是由成立的项目公司自主运营；二是委托现有的轨道运营公司运营；三是引入有运营经验的公司组成联合体负责运营。

3.3.4 运营服务内容繁杂且要求较高

轨道交通 PPP 项目在单体项目中的运营是非常复杂的，对于客运组织管理、行车组织管理、设备设施管理、人员管理、票务组织管理、资产管理、客运服务质量、安全等专业化要求较高，且各个系统构成也非常复杂，所以整个运营管理都异常繁杂。

3.3.5 城市轨道交通类型较多

城市轨道交通分类有很多种方式，每种方式都以某个特征作为依据。按轨道型式划分，可分为重轨铁路、轻轨铁路和单轨铁路；按照列车运行导向的方式划分，可分为钢轮双轨、胶轮单轨和胶轮导轨系统；按照最关键的运输能力划分，可分为大运量系统、中运量系统和小运量系统。国内一般按照轨道类型来划分的，总共有七种交通方式，除了耳熟能详的地铁之外，还有轻轨铁道、单轨、有轨电车、磁悬浮交通、自动导向轨道系统、市域快速轨道系统。其中以地铁、轻轨、有轨电车和单轨铁道为最经常采用的方式。按照车型来区分，城市轨道交通车辆类型可分为 A、B、C、D 及 L（B2）五种，它们的主要区分是车体宽度，其中 A 型列车最宽，载客量最多。目前，管理项目库中的轨道交通 PPP 项目，这五种车型均有涉及。

3.3.6　运作模式多元化

轨道交通领域 PPP 项目常用的运作模式的有一体化 BOT 模式（呼和浩特市 12 号线、乌鲁木齐 2 号线、北京新机场线、成都新机场线）、网运分离模式（徐州市 1、2 号线）、A + B 包模式（北京地铁 4、14、16 号线，杭州地铁 1、5 号线）、地铁 + 土地模式（TOD 模式）（深圳地铁 4、6 号线，佛山地铁 2 号线）等，其模式的选择关键在于政府和社会资本之间的利益均衡，无论何种方式，实际上都反映了利益分配问题，模式的选择往往也体现了政府与社会资本之间的矛盾焦点。

3.3.7　财政补贴计价模式多样化

轨道交通领域 PPP 项目财政补贴缺口较大，目前，常用的财政补贴计价模式有影子票价法、车公里补贴法、财金〔2015〕21 号文、年金公式法、现金流量法等，但是对于风险的分担、物有所值的实现均存在差异，更加合理化的补贴方式的选择往往存在争议。

3.4　我国城市轨道交通 PPP 项目的动因分析

3.4.1　地方财政难以支撑轨道交通可持续发展

轨道交通作为城市大型交通基础设施，地方政府不仅需要大量的先期投入，在运营期还需要给予财政补贴。由于宏观经济增速下滑，地方政府的税收收入增幅也同样出现下滑。显然单独依靠地方政府难以支持轨道交通的可持续发展。地方政府财政收入主要来源是行政性事业税务收费、土地出让金，以及融资平台融资。但仔细分析这三种财政收入来源，目前都难以支持我国轨道交通的大规模可持续建设。

目前我国宏观经济处于升级调整期，地方税收的增幅也出现了下滑，导致行政事业性收费、税费在地方财政的比重出现下降，这是未来一段时期我国由于经济体制改革所必须面对的现状。同时土地财政不可持续，地方政府施行土地财政会推高房价，近年来中央政府出台了多项调控房地产市场价格的文件，地方政府依赖土地财政进而推高房价，有违中央政策，不具备可持续性。

3.4.2 社会资本迅速增长，能够促进轨道交通产业良性发展

改革开放以来，我国社会资本得到了长足的发展进步，尤其是 2013 年后，随着我国明确提出“公有制经济和非公有制经济都是社会主义市场经济的重要组成部分”，社会资本进入了一个快速发展的阶段。目前我国社会资本在技术水平、管理能力、投资效益方面都不逊色于政府部门，甚至社会资本在生产效率方面已经取得了相对于政府部门的比较优势（严成樑，2015），并且我国社会资本对基础设施产业有边际递减的正向作用，应该通过社会资本参与基础设施建设发挥经济功效的闲暇效应以应对产业发展呈现出倒“U”型的关系（张梁梁等，2017）。目前我国轨道交通产业正处于快速发展阶段，并且在未来还将进入发展的高峰。根据上述学者的研究结论，我国轨道交通产业已经具备了适合社会资本大规模进入的经济基础，并且随着我国社会资本实力的增长，其也具备了参与轨道交通建设的能力。这种相互作用构成了利用 PPP 项目共同建设轨道交通产业的前提条件。

3.4.3　提升城市轨道交通服务水平，促进资源优化配置

在 PPP 模式下，政府部门与社会资本以特许协议为基础进行全程合作，组成实力更强的战略联盟，这不仅有利于及时筹集资金，而且有利于将项目的各阶段有效地结合起来，可保证轨道交通项目质量更好、更高并尽快提供准公共产品。同时，在运营期间，特许经营公司只有不断提高服务质量才能赢得顾客信任，客观上保障了良好运输服务质量的持续供给。另外，PPP 模式为政府节省了单个项目投入，这使政府有能力提前实施其他符合条件的项目，也满足了市民迫切的出行需求。并且政府部门是 PPP 项目产品服务标准的制定者和购买者，有利于政府转变职能，推动社会主义市场机制的进一步完善。这种“硬约束”激励特许经营公司不断挖掘经营管理和技术潜力、优化资源配置、提高服务质量、降低成本。

第4章 城市轨道交通PPP建设项目实施方案

4.1 城市轨道交通PPP项目投资决策

城市轨道交通项目的某些特殊经济特征决定了其投资决策具有不同于一般项目的特殊性。

4.1.1 投资决策具有不可逆转的特性

投资决策不可逆转的特性主要体现在以下几个方面：

1. 城市轨道交通项目投资密集并且沉没成本大

城市轨道交通建设的单位造价成本高，我国已建城市轨道交通线路的单位造价平均每公里达到4亿元左右。轨道交通建设项目中，地面线路平均每公里造价大约2亿元，地下交通线路平均每公里造价约5亿元。可见，城市轨道交通属于投资密集型项目。城市轨道交通项目资产专用性强，且项目位置形态稳定，无论是土建机构还是车辆制动设备、列车牵引系统、售检票系统等资产都难以流动或移作他用，容易形成较大的沉没成本。

2. 城市轨道交通项目建设期长

轨道交通项目建设期资金投入大，建设周期长，客观上导致轨道交通项目的建设投资资金缺乏流动性，容易造成项目投资的不可逆转。城市轨道交通 PPP 项目投资决策具有不可逆转的特征，决定了在项目投资前期，要正确地对项目的真实价值进行合理评估，避免作出错误的投资决策而造成巨大的沉没成本。

4.1.2　投资决策具有不确定性

在城市轨道交通 PPP 项目的建设运营期，存在着大量的不确定性因素，这些不确定性因素造成了投资决策的不确定性。

1. 投资风险的不确定

项目建设期的土地使用价格上涨、地质条件影响、法律变更、劳动力资本与设备的获取不及时等都会造成不可预料的风险，发生相应的额外费用。在项目的运营期，随着物价水平的上涨，维修维护成本也会相应增加，而且在运营过程安全事故的发生等也会增加运营期的成本费用。这些建设费用与运营费用较难预测，进而造成了投资风险的不确定性。

2. 运营收入的不确定

城市轨道交通是社会经济领域的一种开放系统，轨道交通系统内部的运营组织、运营管理、换乘设施条件等因素能够对客流量产生不确定性影响；轨道交通系统外部的城市经济发展水平、人口密度等因素也会对客流量产生不确定性影响，而客流量对城市轨道交通项目的运营收入影响较大，进而导致了运营收入的不确定性。

为此，国内外学术界对 PPP 项目投资决策和评价等方面的研究已经取得了丰富的成果，大部分学者已经意识到，传统的投资决策方法因为无法准确衡量 PPP 项目的真实价值，将会导致失败的项目投资决策，错失投资机会。随着人们对 PPP 项目风险问题的重视，学者逐渐开始将收益与风险相结合，运用蒙特卡洛方法或者实物期权方法，计算 PPP 项目中的潜在价值或者风险因素对投资决策的影响。萨维德斯（Savides，1994）介绍了应用蒙特卡洛模拟技术分析和评价投资项目的风险；罗德等（Rode et al.，2001）以某核电厂项目为例，论述了蒙特卡洛模拟方法比其他评价方法更能有效地确定 PPP 项目风险价值；谢联恒、孟繁（2001）对传统的项目投资决策方法与实物期权方法进行对比研究，指出实物期权应用在项目投资决策领域的优势；齐国友、曾赛星（2003）等通过研究指出传统的项目决策方法的局限性，在项目投资决策时，需要综合考虑各种风险因素，并建立了风险与收益相结合的投资决策新方法——风险 NPV 模型；于国安、杨建基（2004）用基础设施项目的 NPV 小于零的概率来描述投资回报风险，整个过程运用蒙特卡洛模拟方法实现；鲍尔·格让特（2005）研究了在 PPP 项目投资决策中，进行资金价值估算时的折现率选择以及风险转移等问题；高丽峰、张超（2005）等运用实物期权方法中的布莱克—舒尔斯模型，对政府提供的经济政策担保作用的价值进行了测算；冀伟（2006）等利用信息熵测度不确定性，结合风险发生概率和风险对收益的影响关系，建立了 PPP 融资项目的三维风险度量模型，并将其应用到项目的投资决策分析中；李言规（2011）通过全微分解剖内部收益率的方法，判定在投资、经营成本、收益三因素影响下的内部收益率敏感性排序，为 PPP 项目投资风险的定性评价提供借鉴；赵卫旭（2012）运用蒙特卡洛模拟方法，研究投资项目内部收益率的多因素敏感性分析，为企业进行 PPP 项目决策提供了借鉴。

4.2 城市轨道交通 PPP 项目风险分配

4.2.1 风险分配原则

PPP 项目合同的目的就是要在政府方和项目公司之间合理分配风险，

明确合同当事人之间的权利义务关系，以确保 PPP 项目顺利实施和实现物有所值。在设置 PPP 项目合同条款时，要始终遵循上述合同目的，并坚持风险分配的下列基本原则：

（1）承担风险的一方应该对该风险具有控制力。

（2）承担风险的一方能够将该风险合理转移（例如通过购买相应保险）。

（3）承担风险的一方对于控制该风险有更大的经济利益或动机。

（4）由该方承担该风险最有效率。

（5）如果风险最终发生，承担风险的一方不应将由此产生的费用和损失转移给合同相对方。

4.2.2　常见风险分配安排

具体 PPP 项目的风险分配需要根据项目实际情况和各方的风险承受能力在谈判过程中确定。在实践中，不同 PPP 项目合同中的风险分配安排可能完全不同。以下列举了一些实践中较为常见的风险分配安排，但需要强调的是，这些风险分配安排并非适用于所有项目，在具体项目中，仍需要具体问题具体分析并进行充分评估论证。

1. 通常由政府方承担的风险

（1）土地获取风险（在特定情形下也可能由项目公司承担）。

（2）项目审批风险（根据项目具体情形的不同，可能由政府方承担，也可能由项目公司承担）。

（3）政治不可抗力（包括非因政府方原因且不在政府方控制下的征收、征用和法律变更等）。

2. 通常由项目公司承担的风险

（1）如期完成项目融资的风险。

（2）项目设计、建设和运营维护相关风险，例如完工风险、供应风险、技术风险、运营风险以及移交资产不达标的风险等。

（3）项目审批风险（根据项目具体情形的不同，可能由政府方承担，也可能由项目公司承担）。

（4）获得项目相关保险。

3. 通常由双方共担的风险

不可抗力。

4.3 城市轨道交通 PPP 项目运作方式

一般的 PPP 项目运作方式包括委托运营、管理合同、建设—运营—移交、建设—拥有—运营、转让—运营—移交和改建—运营—移交六种。其中委托运营、管理合同、转让—运营—移交和改建—运营—移交这四种运作方式是建立在政府存量资产基础上的。

一般来说，政府与社会投资人组建项目公司，由项目公司负责投融资、工程设计、建设、施工、采购、运营管理等，期满后移交政府。

4.4 城市轨道交通 PPP 项目交易结构

一般 PPP 项目的交易结构主要包括三个部分：一是项目公司（SPV）组建；二是项目公司运营管理；三是社会投资人参与土地对价。具体的交易结构取决于 PPP 项目各方的协商和谈判，目的是顺利推进城市轨道交通 PPP 项目的建设、运营。

4.5　城市轨道交通 PPP 项目合同体系

在 PPP 项目中，项目参与方通过签订一系列合同来确立和调整彼此之间的权利义务关系，形成 PPP 项目的合同体系。PPP 项目的合同通常包括 PPP 项目合同、股东协议、履约合同（包括工程承包合同、运营服务合同、原料供应合同、产品或服务购买合同等）、融资合同和保险合同等。其中，PPP 项目合同是整个 PPP 项目合同体系的基础和核心。

在 PPP 项目合同体系中，各个合同之间并非完全独立、互不影响，而是紧密衔接、相互贯通的，合同之间存在着一定的传导关系，了解 PPP 项目的合同体系和各个合同之间的传导关系，有助于对 PPP 项目合同进行更加全面准确的把握。

一方面，在合同签订阶段，作为合同体系的基础和核心，PPP 项目合同的具体条款不仅会直接影响到项目公司股东之间的协议内容，而且会影响项目公司与融资方的融资合同以及与保险公司的保险合同等其他合同的内容。此外，PPP 项目合同的具体约定，还可能通过工程承包或产品服务购买等方式，传导到工程承包（分包）合同、原料供应合同、运营服务合同和产品或服务购买合同上。

另一方面，在合同履行阶段，合同关系的传导方向可能发生逆转。例如，分包合同的履行出现问题，会影响到总承包合同的履行，进而影响到 PPP 项目合同的履行。

PPP 项目的基本合同体系包括 PPP 项目合同、股东协议、履约合同、融资合同、保险合同、其他合同。

4.5.1 PPP 项目合同

PPP 项目合同是政府方与社会资本方依法就 PPP 项目合作所订立的合同。其目的是在政府方与社会资本方之间合理分配项目风险，明确双方权利义务关系，保障双方能够依据合同约定合理主张权利、妥善履行义务，确保项目全生命周期内的顺利实施。PPP 项目合同是其他合同产生的基础，也是整个 PPP 项目合同体系的核心。

在项目初期阶段，项目公司尚未成立时，政府方会先与社会资本（即项目投资人）签订意向书、备忘录或者框架协议，以明确双方的合作意向，详细约定双方有关项目开发的主要权利义务。待项目公司成立后，由项目公司与政府方重新签署正式 PPP 项目合同，或者签署关于承继上述协议的补充合同。在 PPP 项目合同中通常也会对 PPP 项目合同生效后政府方与项目公司及其母公司之前就本项目所达成的协议是否会继续存续进行约定。

4.5.2 股东协议

股东协议由项目公司的股东签订，用以在股东之间建立长期的、有约束力的合约关系。股东协议通常包括以下主要条款：前提条件，项目公司的设立和融资，项目公司的经营范围，股东权利，履行 PPP 项目合同的股东承诺，股东的商业计划，股权转让，股东会、董事会、监事会组成及其职权范围，股息分配，违约、终止及终止后处理机制，不可抗力，适用法律和争议解决，等等。

项目投资人订立股东协议的主要目的在于设立项目公司，由项目公司负责项目的建设、运营和管理，因此项目公司的股东可能会包括希望参与项目建设、运营的承包商，原料供应商，运营商，融资方等主体。在某些情况下，为了更直接地参与项目的重大决策、掌握项目实施情况，政府也可能通过直接参股的方式成为项目公司的股东（但政府通常并不控股和直接参与经营管理）。在这种情形下，政府与其他股东相同，享有作为股东的基本权利，同时也需履行股东的相关义务，并承担项目风险。

股东协议除了包括规定股东之间权利义务的一般条款外，还可能包括与项目实施相关的特殊规定。以承包商作为项目公司股东为例，承包商的双重身份可能会导致股东之间一定程度的利益冲突，并在股东协议中予以反映。例如，为防止承包商在工程承包事项上享有过多的控制权，其他股东可能会在股东协议中限制承包商在工程建设及索赔事项上的表决权；如果承包商参与项目的主要目的是承担项目的设计、施工等工作，并且不愿长期持股，承包商会希望在股东协议中预先作出股权转让的相关安排；但与此同时，如果融资方也是股东，融资方通常会要求限制承包商转让其所持有的项目公司股权的权利，例如要求承包商至少要到工程缺陷责任期满后才可转让其所持有的项目公司股权。

4.5.3　履约合同

1. 工程承包合同

项目公司一般只作为融资主体和项目运营管理者而存在，本身不一定具备自行设计、采购、建设项目的条件，因此可能会将部分或全部设计、采购、建设工作委托给工程承包商，并与其签订工程承包合同。项目公司可以与单一承包商签订总承包合同，也可以分别与不同承包商签订合同，但承包商的选择要遵循相关法律法规的规定。

由于工程承包合同的履行情况往往直接影响 PPP 项目合同的履行，进而影响项目的贷款偿还和收益情况，为了有效转移项目建设期间的风险，项目公司通常会与承包商签订一个固定价格、固定工期的“交钥匙”合同，将工程费用超支、工期延误、工程质量不合格等风险全部转移给承包商。此外，工程承包合同中通常还会包括履约担保和违约金条款，进一步约束承包商妥善履行合同义务。

2. 运营服务合同

根据 PPP 项目运营内容和项目公司管理能力的不同，项目公司有时会考虑将项目全部或部分的运营和维护事务外包给有经验的专业运营商，并与其签订运营服务合同。个案中，运营维护事务的外包可能需要事先取得政府的同意。但是，PPP 项目合同中约定的项目公司的运营和维护义务并不因项目公司将全部或部分运营维护事务分包给其他运营商实施而豁免或解除。

PPP 项目的期限通常较长，在项目的运营维护过程中存在较大的管理风险，可能因项目公司或运营商管理不善而导致项目亏损，因此，项目公司应优先选择资信状况良好、管理经验丰富的运营商，并通过在运营服务合同中预先约定风险分配机制或者投保相关保险来转移风险，确保项目平稳运营并获得稳定收益。

3. 原料供应合同

有些 PPP 项目在运营阶段对原料的需求量很大、原料成本在整个项目运营成本中占比较大，同时受价格波动、市场供给不足等影响，无法保证能够随时在公开市场上以平稳价格获取，继而可能会影响整个项目的持续稳定运营，例如燃煤电厂项目中的煤炭。因此，为了预防和控制原料供应风险，项目公司通常会与原料的主要供应商签订长期原料供应合同，并且约定一个相对稳定的价格。

在原料供应合同中，一般会包括交货地点和供货期限、供货要求和价格、质量标准和验收、结算和支付、合同双方的权利义务、违约责任、不可抗力、争议解决等条款。除上述一般性条款外，原料供应合同通常还会包括“照供不误”条款，即要求供应商以稳定的价格、稳定的质量为项目提供长期、稳定的原料。

4. 产品或服务购买合同

在 PPP 项目中，项目公司的主要投资收益来源于项目提供的产品或服务的销售收入，因此保证项目产品或服务有稳定的销售对象，对于项目公司而言十分重要。根据 PPP 项目付费机制的不同，项目产品或服务的购买者可能是政府，也可能是最终使用者。以政府付费的供电项目为例，政府的电力主管部门或国有电力公司通常会事先与项目公司签订电力购买协议，约定双方的购电和供电义务。

此外，在一些产品购买合同中，还会包括“照付不议”条款，即项目公司与产品的购买者约定一个最低采购量，只要项目公司按照最低采购量供应产品，不论购买者是否需要采购该产品，均应按照最低采购量支付相应价款。

4.5.4　融资合同

从广义上讲，融资合同可能包括项目公司与融资方签订的项目贷款合同、担保人就项目贷款与融资方签订的担保合同、政府与融资方和项目公司签订的直接介入协议等多个合同。其中，项目贷款合同是最主要的融资合同。

在项目贷款合同中一般会包括以下条款：陈述与保证、前提条件、偿还贷款、担保与保障、抵销、违约、适用法律与争议解决等。同时，出于贷款安全性的考虑，融资方往往要求项目公司以其财产或其他权益作为抵押或质押，或由其母公司提供某种形式的担保，或由政府作出某种承诺，这些融资保障措施通常会在担保合同、直接介入协议以及 PPP 项目合同中予以具体体现。

4.5.5　保险合同

由于 PPP 项目通常资金规模大、生命周期长，负责项目实施的项目公司及其他相关参与方通常需要对项目融资、建设、运营等不同阶段的不同类型的风险分别进行投保。通常可能涉及的保险种类包括货物运输险、工程一切险、针对设计或其他专业服务的职业保障险、针对间接损失的保险、第三者责任险等。

鉴于 PPP 项目所涉风险的长期性和复杂性，为确保投保的针对性和有效性，建议在制订保险方案或签署保险合同前先咨询专业保险顾问的意见。

4.5.6 其他合同

在 PPP 项目中还可能会涉及其他的合同，例如与专业中介机构签署的投资、法律、技术、财务、税务等方面的咨询服务合同。

4.6 C 市轨道交通 X 线的 PPP 项目实施方案案例

4.6.1 项目实施机构

根据国家发展改革委《关于开展政府和社会资本合作的指导意见》，按照地方政府的相关要求，明确相应的行业管理部门、事业单位、行业运营公司或其他相关机构，作为政府授权的项目实施机构，在授权范围内负责 PPP 项目的前期评估论证、实施方案编制、合作伙伴选择、项目合同签订、项目组织实施以及合作期满移交等工作。

财政部的相关文件规定，实施机构只能是政府或其指定的有关职能部门或事业单位。但国家发展改革委的规定中，实施机构还包含行业运营公司或其他机构，但必须经过政府的授权。

依据《C 市发展和改革委员会关于轨道交通 X 线项目 PPP 投融资方案的批复》，轨道交通 X 线项目由 C 市交通开投集团作为 C 市政府授权的实施机构，负责项目准备、采购、运营和移交等工作，具体包括编制实施方案、确定社会投资人、代表政府签署 PPP 项目合同等相关法律文件。

4.6.2 运作模式与交易结构

1. 运作方式

轨道交通 X 线项目属于新建项目，且涉及建设、运营、移交等多项内容。根据《C市发展和改革委员会关于轨道交通X线项目PPP投融资方案的批复》，轨道交通X线PPP项目拟采取BOT+设计—采购—建设(EPC)的模式选择的社会投资方，同时也是该工程的总承包商。

政府与社会投资人组建项目公司，由项目公司负责投融资、工程设计、建设、施工、采购、运营管理等工作，期满后移交政府。

2. 交易结构

轨道交通X线PPP项目的交易结构主要包括三个部分：一是项目公司（SPV）组建；二是项目公司运营管理；三是社会投资人参与土地对价。

(1) 项目公司组建。

在项目公司组建层面，由C市交通开投集团作为实施机构，选择社会投资人，签署PPP相关协议，共同组建项目公司。C市城乡建设委员会（以下简称“C市建委”）代表政府，与项目公司签订特许经营权协议或合同，将特许经营权授予项目公司。

在项目公司组建时，C市交通开投集团作为政府代表方，出资275 000万元，占项目公司42.9%的股权，社会投资人出资366 000万元，占项目公司57.1%的股权。

待项目公司成立后，争取引入国家专项建设基金，共投入约250 000万元，通过增资扩股的方式入股项目公司。最终交通开投集团、国家专项建设基金、社会投资人三方分别出资275 000万元、250 000万元、366 000万元，股权比例分别为30.86%、28.06%、41.08%。

项目融资部分约占总投资的59%，由项目公司通过银行贷款、发行债券等方式筹集。社会投资人需根据中标时承诺的利率，负责落实项目所需的全部融资。在社会投资人完全退出前，政府方不直接提供增信和担保。

项目公司组建结构如图4.1所示。

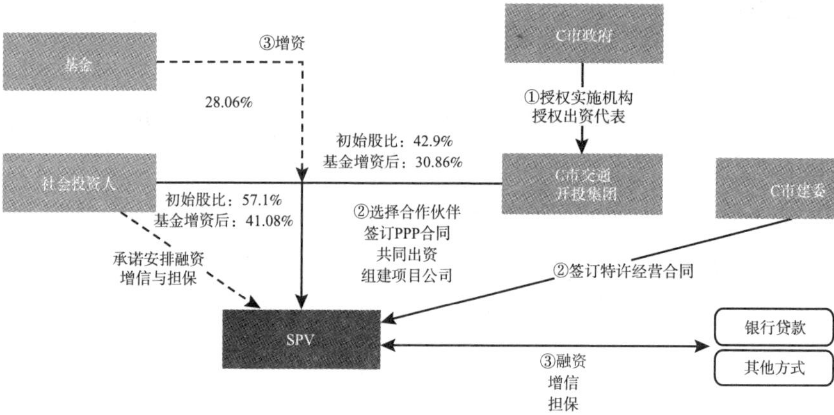

图 4.1　项目公司组建结构

（2）项目公司建设运营。

项目公司成立后，主要完成轨道交通 X 线全生命周期的工作，即投资建设、融资偿债和运营管理。建设部分由选定的社会投资人作为工程总承包商，统筹工程的整体建设，并保障资本金与融资部分的资金按工程进度到位。

不改变现有市区共建模式，征地拆迁资金仍由沿线各区县出资。总投资中应将沿线各区县的征拆费用据实计入，计算相应股权，并由 C 市交通开投集团持有。

政府与社会资本的合作分为两个阶段。第一阶段合作期为 10 年（2016～2025 年）；第二阶段的合作期为 15 年（2026～2040 年）。本次选择的是第一阶段合作的社会投资人，在建设期完成后的六年（2020～2025 年）内逐步退出，通过项目公司利润分配的方式获取投资收益。若项目公司利润分配低于社会投资人的预期收益，C 市交通开投集团以支付股权回购溢价款的形式，支付投资人不超过 6% 的年化收益（社会投资人的中标价）。回购款（包含投资人的合理回报）通过 CY 组团、LJ 组团相应土地对价实现，由 C 市财政专款支付。

若社会投资人承担建设的部分未达到移交标准，社会投资人应当按要求维护完善并承担相应费用和成本。政府享有支付补偿金、终止对价、提前回购项目的优先权，补偿金以工程造价全过程跟踪评审额为基础，结合中标费率对应的社会投资人年化收益率、已发生的对价价款等因素，由 C 市交通开投集团和社会投资人协商测算，经 C 市财政局、C 市审计局审查后上报 C 市政府审定。

项目运营期内，项目公司负责运营、维护、管理，运营缺口部分由 C 市财政进行补贴。期间可由项目公司独立运营，或由项目公司将运营委托给具有相关运营经验的机构（需具有 10 年以上城市线路轨道交通运营经验）；也可具体根据当时国家或地方相关政策的要求，选择其他适合的社会投资人参与项目公司的运营管理。特许经营期满后，项目公司将项目移交给 C 市政府指定机构。

项目公司运营管理结构如图 4.2 所示。

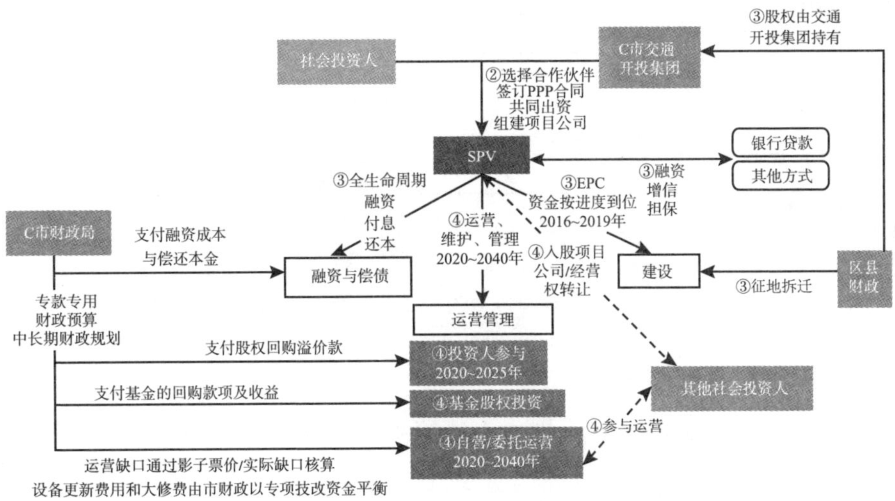

图 4.2　项目公司运营管理结构

（3）社会投资人参与对价土地的招拍挂。

社会投资人资本金及收益主要通过 YB 区 CY 组团和 BN 区 LJ 组团土地招拍挂的收益实现，社会投资人对意向摘牌的土地承担竞价的责任。由 C 市国土部门与土地储备机构共同确定土地出让计划、土地范围、土地招拍挂的方式及起始价格等，社会投资人以中标价签署土地意向摘牌协议，参加指定土地的招拍挂。

社会投资人参与土地对价的结构如图 4.3 所示。

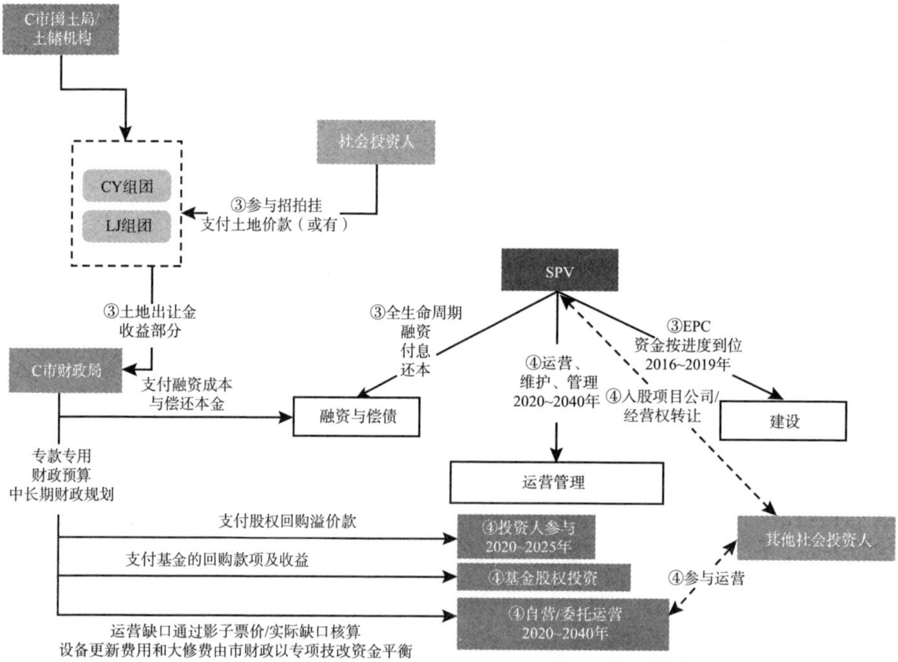

图 4.3　社会投资人参与土地对价结构

（4）其他资源匹配。

YB 区 DB 湖、DFH 水库周边土地约 4 万亩及 X 线沿线 5 千米范围可储备开发土地约 2 905 亩，作为 X 线专项储备用地，通过招拍挂实现收益，用以偿还 X 线项目全生命周期的融资本金与利息，并为项目融资提供增信支撑。

所有对价土地的出让收益由 C 市财政局统筹，通过建立专款专用的制度，明确作为 X 线工程 PPP 项目政府支付的资金来源，确保项目全生命周期内的资金能够按计划支付。

总体交易结构如图 4.4 所示。

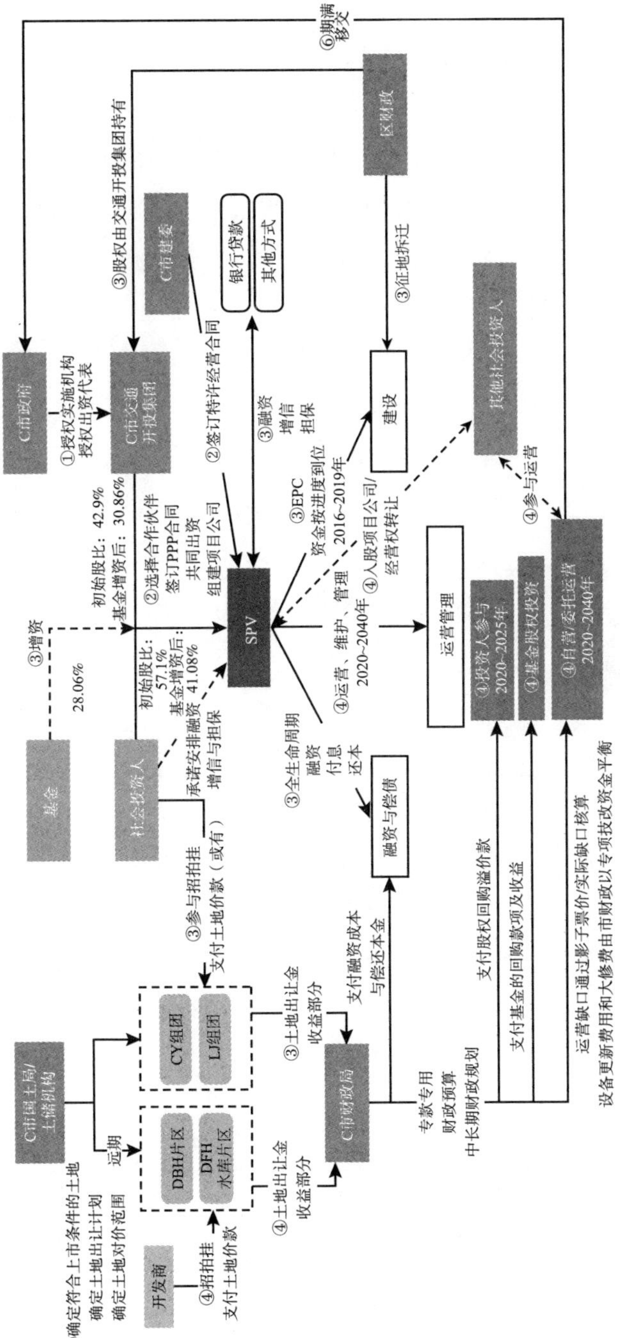
⑥期满移交
区财政
③股权由交通开投集团持有
C市建委
银行贷款
其他方式
③征地拆迁
其他社会投资人
C市政府
①授权实施机构
授权出资代表
C市交通开投集团
②签订特许经营合同
③融资
增信
担保
建设
③EPC
资金按进度到位
2016~2019年
④参与运营
④入股项目公司/
经营权转让
初始股比：42.9%
基金增资后：30.86%
②选择合作伙伴
签订PPP合同
共同出资
组建项目公司
SPV
③增资
28.06%
基金
社会投资人
初始股比：
57.1%
基金增资后：
41.08%
承诺安排融资
增信与担保
④运营、维护、管理
2020~2040年
运营管理
④投资人参与
2020~2025年
④基金股权投资
④自营/委托运营
2020~2040年
③全生命周期
融资
付息
还本
融资与偿债
③参与招拍挂
支付土地价款（或有）
CY组团
LJ组团
③土地出让金
收益部分
支付融资成本
与偿还本金
C市国土局/
土储机构
远期
DBH片区
DFH
水库片区
C市财政局
①确定符合上市条件的土地
确定土地出让计划
确定土地对价范围
开发商
④招拍挂
支付土地价款
④土地出让金
收益部分
专款专用
财政预算
中长期财政规划
支付股权回购溢价款
支付基金的回购款项及收益
运营缺口通过影子票价/实际缺口核算
设备更新费用和大修费由市财政以专项投改资金平衡

图 4.4 总体交易结构

3. 项目公司股权结构

财政部 2014 年 12 月 30 日印发的《PPP 项目合同指南（试行）》明确指出，政府在项目公司中的持股比例应当低于 50%，且不具有实际控制力及管理权。考虑到本项目投资额较大，为了尽量减少政府的初期投入，应当充分引入社会投资人，并由其控股项目公司。

在项目公司组建时，C 市交通开投集团作为政府代表方，出资 275 000.00 万元，占项目公司 42.90% 的股权，资金来源为市财政；社会投资人出资 366 000.00 万元，占项目公司 57.10% 的股权，组建阶段股权比例如表 4.1 所示。

表 4.1　股权比例（项目公司组建阶段）

股东	出资（万元）	股权比例（%）
交通开投集团	275 000.00	42.90
社会投资人	366 000.00	57.10

待项目公司成立后，争取引入国家专项建设基金，共投入约 250 000.00 万元，通过增资扩股的方式入股项目公司。最终交通开投集团、国家专项建设基金、社会投资人三方分别出资 275 000.00 万元、250 000.00 万元、366 000.00 万元，股权比例分别为 30.86%、28.06%、41.08%。基金参与阶段股权比例如表 4.2 所示。

表 4.2　股权比例（基金参与阶段）

股东	出资（万元）	股权比例（%）
交通开投集团	275 000.00	30.86
国家专项建设基金	250 000.00	28.06
社会投资人	366 000.00	41.08

若国家专项建设基金在项目建设期未足额进入，则国家专项建设基金计划投入部分与实际投入部分的差额，由 C 市交通开投集团和社会投资人按持股比例增资补足。交通开投集团增资部分及超出总投资部分经审定后由 C 市财政统筹安排。

4. 回报与收益分配机制

项目回报机制分为对社会投资人的回报、对基金公司的回报和对项目公司的回报三个层面。

对社会投资人的回报主要是通过项目公司利润分配的方式获取投资收益。若项目公司利润分配低于社会投资人的预期收益，C 市交通开投集团以支付股权回购溢价款的形式，支付投资人不超过 6% 的年化收益（具体根据社会投资人的中标价确定）。

对基金的回报主要参考国开基金与 C 市交通开投集团签订的投资合同中的相关约定设置。具体以基金正式进入时签订的相关协议约定为准。

对项目公司的回报主要为使用者付费、专项资金平衡与运营补贴（包括可行性缺口补助、其他特殊情况的补贴等）。使用者付费主要为票务收入和其他经营性收入；设备更新费用和大修费由 C 市财政以专项技改资金平衡；经营缺口部分由 C 市政府或市财政局根据经验数据或第三方专业机构进行测算，对不同时间段的各项运营成本的范围予以规制，在此基础上科学建立轨道交通运营成本标准，并根据成本和实际收入的差额（运营缺口）进行差价财政补贴。运营补贴机制由政府方确定。

5. 运营考核与激励机制

建立必要的运营考核和激励机制，只有在 PPP 项目公司达到约定的运营服务标准基础时，上述补贴方可执行；同时，如果 PPP 项目公司在生产安全、质量管理、运营效率提升方面高于服务标准，市政府可以给予必要的激励，反之则予以惩罚。

主要运营考核指标、考核条件及参考指标①设置如表 4.3 所示，待各方协调一致后确定。

表 4.3　　主要运营考核指标参考

一级指标	二级指标	考核条件	指标参考
客运服务指标	客流量	万人次	
	开行列次	万次	
	列车运行图兑现率	%	大于等于 99.7%
	列次正点率	%	大于等于 99.7%
	有效乘客投诉率	次/百万人次	不超过 3 次/百万人
	有效乘客投诉回复率	%	100%
设施设备运营指标	列车服务可靠度	万列车公里/次	全部列车总行车里程与发生 5 分钟以上延误次数之比不低于 8 万列车公里/次
	列车退出正线运营故障率	次/万列公里	不高于 0.4 次/万列公里
	车辆系统故障率	次/万列公里	因车辆故障造成 2 分钟以上晚点时间次数低于 4 次/万列公里
	信号系统故障率	次/万列公里	不高于 0.8 次/万列公里
	供电系统故障率	次/万列公里	不高于 0.16 次/万列公里
	自动扶梯/电梯抽检正常运行率	%	大于等于 96%
	自动售检票系统抽检正常运行率	%	大于等于 96%
	其他		

① 参考《C 市道路运输管理局关于下发 2015 年度轨道交通运营服务考核指标的通知》设置。

续表

一级指标	二级指标	考核条件	指标参考
安全管理考核指标	一般隐患整改率	%	100%
	重大隐患整改率	%	大于等 95%
	运营人员上岗前安全培训率	%	100%
	大型联合应急演练	次/年	不少于 2 次/年
其他考核指标	车站、列车清洁度	%	大于等于 96%
	乘客对运营服务满意率	%	大于等于 80%
	负面报道	件/年	不超过 25 件/年
	检查整改落实情况	%	100%
	信息报送情况	%	大于等于 95%

注：（1）列车运行图兑现率 = 全部开行列车数 − 晚点列车数/全部开行列车数的百分比。
（2）列车服务可靠度 = 全部列车总行车里程与发生 5 分钟以上延误次数之比。
（3）车辆系统故障率 = 因车辆故障造成 2 分钟以上晚点事件次数。

4.6.3 效益分析

1. 相关参数

（1）建设运营期。

本项目计划于 2016 ~ 2020 年完成建设，建设周期暂定为 5 年，2021 年正式进入运营期，运营期为 20 年。

（2）项目特许经营期限。

在 C 市建委与项目公司签订一个长期的特许经营合同后，由项目公司承担投融资、工程建设、设备购置、运营、管理维护等工作，合同期满后项目资产及相关权利等事项移交给政府或政府指定部门。

特许经营期限应当包含项目的建设期和运营期，根据国家发展改革委、财政部、住房城乡建设部、交通运输部、水利部、中国人民银行联合发布的《基础设施和公用事业特许经营管理办法》，特许经营期最长不得超过 30 年；根据《C 市发展和改革委员会关于轨道交通 X 线项目 PPP 投融资方案的批复》的规定，本项目的特许经营期限设置为 25 年（含建设期），即为 2016 ~ 2040 年。

（3）合作期限。

合作期限建议按照“总体设计、一次平衡、分期实施”的原则设置。严格执行财政部有关规定，结合本次社会投资人的意愿，本阶段政府与社会投资人的合作期按 10 年设定。

2. 融资与退出方案

（1）融资与增信。

本项目总投资概算为 3 255 615.20 万元，其中资本金约占总投资的 27.37%，为 891 000.00 万元，融资部分约占 72.63%，为 2 364 615.20 万元。

融资部分的资金由项目公司负责筹集，为保证融资可行，由社会资本提供 20 年、不高于 5 年期以上基准利率的贷款，并在合作期内提供全部的增信和担保。资金计划如表 4.4 所示。

表 4.4　资金计划　　单位：万元

项目	2016 年	2017 年	2018 年	2019 年	2020 年	合计
总投资	469 112.65	477 675.19	542 812.72	781 650.32	984 364.32	3 255 615.20
资本金	151 470.00	196 020.00	222 750.00	160 380.00	160 380.00	891 000.00
政府方出资	46 750.00	60 500.00	68 750.00	49 500.00	49 500.00	275 000.00
国家专项建设基金	42 500.00	55 000.00	62 500.00	45 000.00	45 000.00	250 000.00
社会投资人出资	62 220.00	80 520.00	91 500.00	65 880.00	65 880.00	366 000.00
债务资金	317 642.65	281 655.19	320 062.72	621 270.32	823 984.32	2 364 615.20

（2）退出路径。

从 2021 年正式进入运营期开始，社会资本逐步退出。交通开投集团分 6 年逐年回购社会投资人在项目公司的股权，并以利润分配或溢价款的形式支付社会投资人合理的收益。在各年回购的额度范围内，首先回购社会投资人 2016 年投入的资本金，回购完社会投资人 2016 年投入的资本金后，再回购社会投资人 2017 年投入的资本金，以此类推，直至社会投资人股权回购完毕。

C 市交通开投集团享有在运营期间提前回购项目的优先权，若 C 市交通开投集团提前回购，则根据资金占用年限支付社会投资人不高于 6% 的年化收益（以实际中标价，复利计算）。

国家专项建设基金参与项目全生命周期的股权投资，参考国家专项建设基金与 C 市交通开投集团签订的投资合同，在测算时初步考虑 2023 年、2029 年、2035 年分三次回购；经营期内，每年支付约 1.5% 的资本金回报。

股权回购计划如表 4.5 所示。

表 4.5　　　　股权回购计划　　　　单位：万元

项目	2016 年	2017 年	2018 年	2019 年	2020 年	2021 年	2022 年
回购基金股权额	0.00	0.00	0.00	0.00	0.00	0.00	0.00
支付基金收益	0.00	0.00	0.00	0.00	0.00	3 750.00	3 750.00
回购社会投资人股权额	0.00	0.00	0.00	0.00	0.00	61 000.00	61 000.00
支付社会投资人收益	0.00	0.00	0.00	0.00	16 011.09	16 103.51	17 582.12
项目	2023 年	2024 年	2025 年	2026 年	2027 年	2028 年	2029 年
回购基金股权额	50 000.00	0.00	0.00	0.00	0.00	0.00	100 000.00
支付基金收益	3 750.00	3 750.00	3 750.00	3 750.00	3 750.00	3 000.00	3 000.00
回购社会投资人股权额	61 000.00	61 000.00	61 000.00	61 000.00	0.00	0.00	0.00
支付社会投资人收益	19 848.10	25 529.67	25 529.67	0.00	0.00	0.00	0.00

续表

项目	2030 年	2031 年	2032 年	2033 年	2034 年	2035 年	合计
回购基金股权额	0.00	0.00	0.00	0.00	0.00	100 000.00	250 000.00
支付基金收益	1 500.00	1 500.00	1 500.00	1 500.00	1 500.00	1 500.00	42 000.00
回购社会投资人股权额	0.00	0.00	0.00	0.00	0.00	0.00	366 000.00
支付社会投资人收益	0.00	0.00	0.00	0.00	0.00	0.00	120 604.15

3. 土地对价方案

（1）土地资源清理。

C 市国土房管局及 C 市地产集团，对轨道建设专项储备用地、城市拓展其他增量用地进行了全面的摸底清理。最终确定用于平衡社会投资人投资回报的储备土地集中于 CY 组团和 LJ 组团，相关土地“两规”基本完成覆盖。

（2）对价土地范围及方式。

①CY 组团，主要为××公园南侧居住用地共 25 宗，土地面积（净地）60.10 万平方米，平均楼面地价经评估为 2 100～3 700 元/平方米，挂牌价（起始价）合计约 43 亿元，同时社会投资人需承担约 7.5 亿元的配建工程。

②LJ 组团，主要为 BN 区 NQ 街道商业及住宅用地共 19 宗，土地面积（净地）72.77 万平方米，预估平均楼面地价为 1 800～2 500 元/平方米，挂牌价（起始价）合计约为 41 亿元，同时社会投资人需承担约 6.5 亿元的配建工程。

③CY 及 LJ 组团的对价土地，根据回购社会投资人股权的计划安排，分期出让。若土地出让时间先于股权回购时间，则财政部门应保证股权回购时具备相应的资金来源。

④社会投资人对单宗地块进行报价，并以中标价与 C 市交通开投集

团、地产集团三方签署土地意向摘牌协议，按照约定参加对价土地范围内每宗土地的招拍挂。相关土地出让金上缴 C 市财政，收益部分由 C 市财政统筹安排，支付投资人的股权回购价款及溢价部分的收益。

4. 财务分析

（1）财务测算的方法与指标。

根据目前掌握的初步资料，建立了项目的财务测算模型（如图 4.5 所示），进行项目实施阶段的财务预测分析，以评价 PPP 投资项目的投入与产出情况。财务测算模型由一系列计算表构成，包括但不限于投资进度计划表、融资与还本付息计划表、项目收入测算表（客运收入、非客运收入及补贴收入）、运营成本费用计算表、折旧摊销表、现金流量表等，最终形成测算指标输出表。根据项目后续的工作需要，模型应同时满足适时修订假定条件，以及反向测试项目的原始经济效益指标、补贴前后的经济效益、不同资本结构和收益结构的财务效益指标。

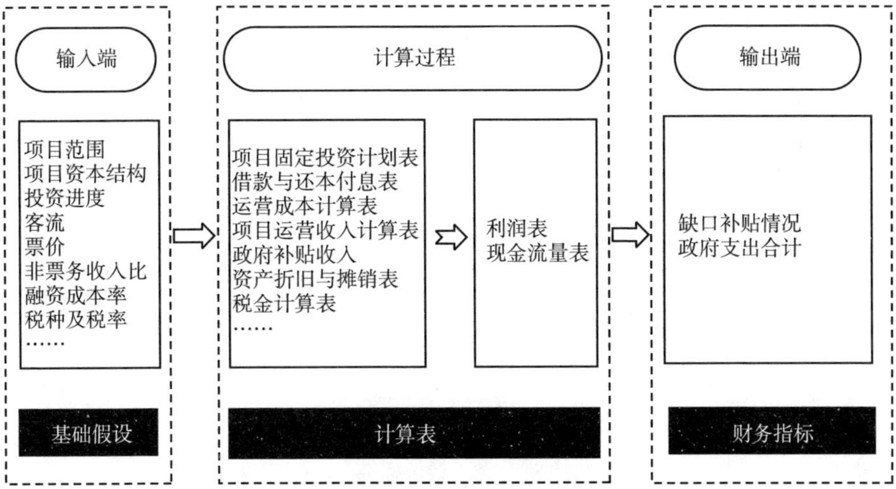

图 4.5　财务测算模型

（2）财务预测的基本假设条件。

本次测算的基础假设条件主要包括项目总投资、计算期限、客流、票价、非客运收入、折旧摊销费用、运营成本、自有资金比例、贷款利率、还款期、相关税率和补贴构成等基本数据。

（3）收入估算。

①客流量预测。

C 市轨道交通 X 线客流预测采用四阶段法，以常住人口（第六次人口普查口径）为核心，在居民出行采用公共交通方式的 OD 矩阵基础上，综合出行时间（包括步行时间、候车时间、乘车时间、换乘时间和票价当量时间）测算轨道交通线网各线路的客流量。

测算结果如表 4.6 所示，日均客流在 2023 年、2030 年和 2045 年分别为 71.52 万人、103.09 万人、168.15 万人。节点依据按照平均比例计算，2022～2029 年客流量年均增幅为 4%，2029～2044 年客流量年均增幅为 2.4%。

表 4.6　客流量预测

指标	2023 年	2030 年	2045 年
全日客流量（万人/日）	71.52	103.09	168.15
单向最大高峰小时断面客流量（万人/时）	2.85	3.93	4.61
线路负荷（万人/千米）	1.57	2.26	2.87
全日平均运距（千米）	7.76	7.96	7.82

②单位票价估算。

根据《C 市物价局关于轨道交通票价的通知》，C 市轨道交通现行票价如表 4.7 所示。

表 4.7　轨道交通票价标准

里程数（千米）	票价（元）
0～6（含）	2
6－11（含）	3

续表

里程数（千米）	票价（元）
11～17（含）	4
17～24（含）	5
24～32（含）	6
32～41（含）	7
41～51（含）	8
51～63（含）	9
63 以上	10

轨道交通 X 线项目的运营收入主要是指运营票款收入，是客流量与单位票价的乘积。按照平均运距 7.76 公里计算，根据 C 市现有线路的收费标准，单位票价暂定为 3 元。

③其他业务收入估算。

其他业务收入主要考虑广告收入和车站商业租赁等，参考 C 市现有轨道交通运营情况，本部分收入暂按运营收入的 10% 计算。

（4）成本估算。

总成本费用是指运营期内提供交通服务所发生的全部费用。

①职工薪酬。

X 线项目共需职工数量约为 1 608 人。参照 C 市轨道公司职工薪酬标准和全市平均职工工资水平，至项目开通年，采用的职工薪酬按 7.23 万元/人·年计算。考虑一定的增长因素，设置每年薪酬涨幅为 3%。

②动力费。

动力费包含全线路的电、水费，参照 C 市现有轨道交通实际缴纳的电费及水费进行估算。因此，轨道交通 X 线项目的电费预估为 8 000 万元/年，水费预估为 350 万元/年，并设置 2% 的年均增长幅度。

③维修及保养费用。

车辆修理费是指车辆日常修理和车辆大修理所需消耗的材料费用，其中车辆的日常修理主要包括车辆的列检、月检、定修等日常维护和修理，车辆大修主要包括车辆的架修、简化厂修和厂修等工作内容。具体计算公式为：

运营期第 n 年车辆修理费用 = 运营期初年车辆修理费单价 × 第 n 年年行车公里 + 车辆总投资 × 大修费率

运营初期车辆日常维护修理费为单价 2 元/车公里。车辆的大修费用按车辆购置费的 2% 计列。

其他修理费用是指除车辆以外的房屋建筑、轨道、设备系统等固定资产的日常维修费用及大修理费用。具体计算公式为：

其他修理费用 = 土建工程固定资产原值 × 土建工程修理费率 + 设备固定资产原值 × 设备修理费率

年维修费按工程费用提取，土建工程提取 1%，设备系统提取 2%。

④营运费。

营运费包括站务费、车务费、劳动保护费、技术组织措施费、低值易耗品摊销费、工人差旅费等开支。计算公式为：

运营期第 n 年的营运费用 = 运营期初营运费用单价 × 第 n 年行车公里

运营初期营运费单价为 1.5 元。

⑤其他费用。

其他费用包括其他制造费用、其他管理费用和其他营业费用。轨道交通行业发生的其他管理费用是指企业行政管理部门为管理和组织经营活动发生的各项费用，包括由企业统一负担的公司经费、董事会会费、咨询费及其他管理费等。

《市政公用设施建设项目经济评价方法与参数》城市轨道交通篇规定其他费用按照前述成本费用合计的 5% ~10% 计算，本项目按照 5% 计算。

⑥固定资产折旧及摊销费用估算。

固定资产折旧采用年限平均法，根据资产的不同属性按不同的折旧年限进行分类折旧摊销。

根据《C 市城市轨道交通运营补贴暂行办法》，城市轨道交通企业应根据固定资产特性，进行分类管理，土建类固定资产暂不计提折旧。因此在本项目中的折旧暂不考虑车站、区间及轨道三部分。

⑦财务费。

财务费主要是各种融资的利息等支出。利率按照五年期贷款基准利率 4.9% 进行计算。轨道交通 X 线项目还本付息已有明确的资金来源，即通过土地对价实现，因此本次测算假设每年项目公司都按期收到这部分土地对价资金。

⑧保险费。

运营期保险费主要考虑财产保险，财产保险分为四个部分：财产一切险，按照所有资产的 0.04% 计算；机器设备损坏险，按照所有设备价值的 0.06% 计算；公众责任险，按照每年 2 亿元投保，费率为 0.5%；雇主责任险，按每年 2 500 万元投保，费率为 0.2%。

⑨相关税金。

轨道交通 X 线 PPP 项目涉及的税金主要是增值税及附加税费和企业所得税。增值税和企业所得税只针对使用者付费部分收取，政府补贴收入相关的税金应当先征后返（或作为政府项目专项资金），因此在本测算中暂不做该部分税金估算。

增值税按照交通运输业 11% 的税率计算，考虑扣除进项税（主要为设备及动力费），经测算，由于累计的进项税远大于销项税，因此实际不需交纳增值税。

企业所得税部分按照利润的 25% 计算。由于政府补贴部分不考虑企业所得税，票务及其他业务产生收入，每年形成的利润额均为负数，因此在项目公司运营期间不产生企业所得税。

（5）财务分析结果。

①利润及现金流预测。

经测算，轨道交通 X 线 PPP 项目全生命周期均无法产生利润。

但由于运营期内还本付息已有资金来源，项目公司在不考虑还本付息、追加投入及大修费用的前提下，若可行性研究报告中的客流量预测值能够完全实现，则项目公司基本可以实现每年的现金流平衡。

②政府支付责任。

全生命周期内政府的支出包括对资本金部分的投入、追加投资（设备重置成本）、大修费用、运营缺口补贴、还本付息支出、支付社会投资人和基金的回购款。

第一，政府对资本金部分的投入为财政投资，共计 275 000. 00 万元。追加投入及大修费用由财政以技改专项资金平衡，共计 429 628. 35 万元。

第二，运营缺口自项目公司实际运营中产生，根据实际运营情况，不足的年份由财政进行补贴，盈余时用于抵减财政拨付的还本付息支出，以减轻财政的压力。项目公司实际运营中产生盈余共计 630 171. 88 万元，用以抵减财政支出。

第三，项目公司还本付息支出共计 3 581 209. 60 万元，通过 DB 湖、DFH 水库片区土地对价实现。

第四，支付国家专项建设基金的回购及收益共计 292 000. 00 万元，通过 DB 湖、DFH 水库片区土地对价实现。

第五，支付社会投资人的回购及收益共计 487 387. 82 万元，通过投资人参与 CY 及 LJ 组团土地的意向摘牌，财政取得相关收益后进行专项支付。

全生命周期内，政府合计支出约 442 亿元，支出责任明细如表 4. 8 所示。

表 4. 8　　政府支出责任　　单位：万元

项目	2016 年	2017 年	2018 年	2019 年	2020 年	2021 年
1. 总投入	46 750. 00	60 500. 00	68 750. 00	49 500. 00	49 500. 00	10 191. 71
1. 1 资本金支出	46 750. 00	60 500. 00	68 750. 00	49 500. 00	49 500. 00	0
1. 2 追加投资（重置成本）	0	0	0	0	0	0
1. 3 大修费用	0	0	0	0	0	10 191. 71

续表

项目	2016 年	2017 年	2018 年	2019 年	2020 年	2021 年
2. 运营缺口补贴	0	0	0	0	0	-18 779.99
3. 还本付息支出	0	0	0	0	0	234 096.89
4. 支付投资人回购及收益	0	0	0	0	0	77 103.51
5. 支付基金回购及收益	0	0	0	0	0	3 750.00
合计	46 750.00	60 500.00	68 750.00	49 500.00	49 500.00	306 362.12

项目	2022 年	2023 年	2024 年	2025 年	2026 年	2027 年
1. 总投入	10 191.71	10 191.71	10 191.71	10 191.71	10 191.71	10 191.71
1.1 资本金支出	0	0	0	0	0	0
1.2 追加投资（重置成本）	0	0	0	0	0	0
1.3 大修费用	10 191.71	10 191.71	10 191.71	10 191.71	10 191.71	10 191.71
2. 运营缺口补贴	-15 625.75	-17 555.18	-19 571.89	-21 679.62	-23 882.31	-26 184.02
3. 还本付息支出	228 303.59	222 510.28	216 716.97	210 923.67	205 130.36	199 337.05
4. 支付投资人回购及收益	77 011.09	78 582.12	81 631.76	86 529.67	86 529.67	0
5. 支付基金回购及收益	3 750.00	53 750.00	3 000.00	3 000.00	3 000.00	3 000.00
合计	303 630.64	347 478.93	291 968.55	288 965.43	280 969.43	186 344.74

项目	2028 年	2029 年	2030 年	2031 年	2032 年	2033 年
1. 总投入	10 191.71	10 191.71	20 537.78	10 191.71	10 191.71	10 191.71
1.1 资本金支出	0	0	0	0	0	0
1.2 追加投资（重置成本）	0	0	10 346.07	0	0	0
1.3 大修费用	10 191.71	10 191.71	10 191.71	10 191.71	10 191.71	10 191.71
2. 运营缺口补贴	-28 589.01	-31 101.71	-32 273.38	-33 469.16	-34 689.50	-35 934.87
3. 还本付息支出	193 543.75	187 750.44	181 957.13	176 163.83	170 370.52	164 577.21
4. 支付投资人回购及收益	0	0	0	0	0	0
5. 支付基金回购及收益	3 000.00	103 000.00	1 500.00	1 500.00	1 500.00	1 500.00
合计	178 146.45	269 840.44	161 375.46	154 386.38	147 372.73	140 334.05

续表

项目	2034 年	2035 年	2036 年	2037 年
1. 总投入	10 191. 71	157 972. 57	10 191. 71	10 191. 71
1. 1 资本金支出	0	0	0	0
1. 2 追加投资（重置成本）	0	147 780. 86	0	0
1. 3 大修费用	10 191. 71	10 191. 71	10 191. 71	10 191. 71
2. 运营缺口补贴	-37 205. 72	-38 502. 54	-39 825. 79	-41 175. 95
3. 还本付息支出	158 783. 91	152 990. 60	147 197. 293	141 403. 9863
4. 支付投资人回购及收益	0	0	0	0
5. 支付基金回购及收益	1 500. 00	101 500. 00	3 750. 00	0
合计	133 269. 90	226 179. 77	121 313. 21	110 419. 75
项目	2038 年	2039 年	2040 年	合计
1. 总投入	10 191. 71	10 191. 71	67 667. 18	694 436. 60
1. 1 资本金支出	0	0	0	275 000. 00
1. 2 追加投资（重置成本）	0	0	57 475. 47	215 602. 40
1. 3 大修费用	10 191. 71	10 191. 71	10 191. 71	203 834. 20
2. 运营缺口补贴	-42 553. 53	-43 959. 03	-47 612. 93	-630 171. 88
3. 还本付息支出	135 610. 679 6	129 817. 372 8	124 024. 0661	3 581 209. 60
4. 支付投资人回购及收益	0	0	0	487 387. 82
5. 支付基金回购及收益	0	0	0	292 000. 00
合计	103 348. 86	96 050. 05	211 745. 50	4 424 862. 14

4. 6. 4　风险分配基本框架

轨道交通工程项目规模大、投资多，所面临的风险种类繁多，各种风险之间的相互关系错综复杂，因此在本项目整个 PPP 全生命周期中，必须重视风险的识别、分配和管理。

C 市轨道交通 X 线项目风险具有如下特点：

第一，风险存在客观性和普遍性。风险是客观存在的，且风险的发生具有不确定性，贯穿项目生命周期中的政治风险、不可抗力等风险，都是无法避免的。

第二，风险发生的偶然性和必然性。任何具体风险的发生都是诸多风险因素和其他因素共同作用的结果，是一种随机现象，个别风险事故的发生是偶然的、杂乱无章的。但通过对大量风险事故资料的观察和统计分析，发现其呈现出明显的运动规律，因此可以用比例法或者概率法去评估 C 市轨道交通 X 线项目的风险。

第三，风险的可变性。在项目的整个过程中，各种风险在质和量上都会发生变化。随着项目的进行，有些风险会得到控制，有些风险会实际发生并得到处理，同时在项目的每一阶段还可能产生新的风险。

第四，风险的多样性和多层次性。轨道交通工程建设在整个生命周期内面临的风险多种多样，而且大量风险因素之间的内在关系错综复杂，各风险因素之间以及与外界的交叉影响又使风险显示出多层次性。

1. 项目风险因素识别与分析

从项目整体的角度来看，若要对 C 市轨道交通 X 线工程 PPP 项目从准备期、建设期、回购期、运营期这四个阶段的风险因素进行列举和分类，则所有可能发生并且会对项目的顺利进行造成影响的因素都应该被包括在内。

本方案采用历史资料借鉴与专家意见相结合的风险识别方法，并通过自身项目经验主观判断与合理推测对项目风险的识别进行补充。

根据风险的来源不同，将 C 市轨道交通 X 线工程 PPP 项目的风险因素归纳为以下八类：

（1）政治风险。

政治风险主要包括政策风险和获准风险。

①政策风险。政策风险主要指政策可得性和政策稳定性，在项目准备期能否得到政府以及相关优惠政策支持对项目成功融资具有非常重要的作用。在项目建设和运营期则要考虑政策的稳定性，如国家支持城市轨道交通建设，鼓励私人资本参与项目投资、建设和运营的政策是否变动，又如

政府由于某种原因对项目实行征用、没收或强制国有化等潜在的可能性。

②获准风险。城市轨道交通投资规模巨大，X 线项目投资概算达到 217 亿元，项目推进的过程中必须经过国家发改委等政府相关部门的审批，审批手续复杂，花费时间长，如果不能及时得到政府批准，可能会使得整个项目无法按计划进行，造成拖延。

（2）法律风险。

法律风险主要包括国家法律的稳定性、法律责任风险和违约风险。

①国家法律的稳定性。即税收、环境保护、PPP、招投标等与项目有关的法律法规是否具有长期稳定性。法律的变动将有可能直接提高项目本身风险或者增加项目成本从而带来风险，改变对参与各方的约束。

②法律责任风险。在整个 PPP 项目中，政府方和社会投资人可能会因为对相关法律未能全面、正确理解，或相关法律内容的变化，法律对投资项目的干预等，从而产生与法律相抵触的行为，导致可能面临承担相应法律责任、内部股权纠纷以及合同的处罚等问题。

③违约风险。即项目参与各方因故无法履行或拒绝履行合同所规定的责任和义务而给项目带来的风险。PPP 模式成功与否，关键在于必须有一个公开透明、可预期的政策制度安排，重合同、守信用、有契约精神是 PPP 模式的最佳环境。

（3）技术风险。

技术风险主要包括设计风险和计划风险。

①设计风险。设计风险是指工程设计和技术方案规划不合理，或者技术规范设计错误等风险，主要存在于准备期和建设期，会造成施工失误、工期延长或项目超概算等。

②计划风险。即现场进度计划不合理，施工建设组织不当，或者受行政和外界等对施工计划和方案的干扰，从而对工程施工所造成的不良影响。

（4）工程风险。

工程风险主要包括工期风险、费用风险、质量风险、安全风险、监理风险和环保风险。

①工期风险，即 X 线工程及其分项工程能否按期完工。

②费用风险，包括成本的超支、投资的追加等。

③质量风险，如采购中施工材料、设备产品不合格，施工中工程质量出现缺陷，建成后达不到设计标准或者使用标准等。

④安全风险，如违章操作机械、高空作业等施工保护措施不当造成安全事故。

⑤监理风险，监理方的工作能力、工作积极性、职业道德、公正性差，责任心不强，工作效率低，不正确地执行规范或合同，擅离职守等。

⑥环保风险，环境保护工作失当，影响周边居民生活，破坏周边生态环境。

（5）管理风险。

管理风险主要包括运营管理体制风险和资源管理风险。

①管理体制风险。在 PPP 项目中，参与的主体有政府部门、社会投资人、设计单位、第三方机构等，主体的多元化和复杂化决定了其管理体制和管理方法的多元化，建立完善、合理且有效的管理系统至关重要。管理体制风险多种多样，例如，领导组织架构设置不合理，缺乏适合的技术负责人和高级管理者，管理不善、执行不严、协调不力、决策失误等。

②人力管理风险。人力管理风险表现在由于人员素质不高、培训不到位、管理不当等造成工作失误或服务质量不高。同时，人力成本的上升、人员的不稳定等也会造成一定的风险。例如，设计施工人员的技术水平不高或操作失误，造成对技术文件、工程说明或规范理解不正确；设备检修人员的日常维护不当造成设备保养周期缩短。

③设备管理维护风险。设备管理维护风险主要表现在设备管理维护不当有可能会给交通运营带来安全隐患、增加设备损耗、降低设备使用寿命。设备备品、备件等原材料价格上涨也会带来设备管理费用的增加。

（6）经济风险。

①融资风险。本项目投资规模大、投资回收期较长，项目融资的难度较大，融资结构以及风险分担方式的设计不合理将会导致投资项目的融资

风险。主要表现在项目公司能否得到足够的融资额度，项目收益及政府补贴能否按计划还本付息。

②金融风险。包括汇率、利率变动、通货膨胀、税收变动、资产折旧、货币兑换制度、信贷管理制度等风险。

③回购与退出风险。本项目对社会投资人的回购期为第 5 年至第 10 年，而计划对价的土地出让时间未定。存在土地出让与股权回购时间不匹配的可能，将导致土地出让收益未用于本项目股权回购，后期股权回购时资金来源无法保障。

④市场风险。市场风险主要包括项目前期对市场的预测与实际情况的偏差，项目运营期客流量未达到设计预期，广告、视频等媒体的商业开发未达到预期收益等。

（7）土地风险。

土地风险主要包括出让风险、意向摘牌风险、对价风险以及征地拆迁风险。

①出让风险。目前针对 X 线项目的对价土地，存在是否能够按计划完成土地出让的风险。

②意向摘牌风险。土地出让的方式，是完全的市场行为，其出让价格会随着市场的土地供需情况、经济的发展情况和相应政策的变化而变化。所以很难预测未来对价土地收益，对于社会投资人来说，存在上地意向摘牌的价格高于实际市场价格的风险。

③对价风险。我国土地市场快速增长的原因中，不乏土地投资因素的影响。在这种投资因素的影响下，土地价值超过了正常的市场价格，并有持续增长的趋势，给利用土地储备融资带来了不确定的风险。所以对政府来说，这部分对价土地计划用于还本付息、支付社会投资人和基金的回购和收益支付，存在土地招拍挂的收益能否负担 X 线项目回购以及还本付息金额的风险。

④征地拆迁风险。项目须支付正线轨道部分涉及的相关交通建设用地的开发及补偿，包括耕地开垦费、新增建设用地土地有偿使用费、征地管

理费、土地补偿费、安置补偿费、住房安置费、青苗补偿等。征地拆迁过程中的各项费用会根据实际情况发生变化，超支的概率尤其大，从而影响项目的总投资规模以及资金的安排；群众配合程度也可能会影响征地拆迁的整体工作进展，进而影响本项目建设的工期及相关工作的计划安排。由于本项目的征地拆迁工作是交由各区完成的，而各区是政府方的代表，社会投资人不参与此过程，因此征地拆迁风险应由政府方全部承担。

（8）不可抗力风险。

不可抗力风险是指项目参与者在签订合同前无法采取有效措施进行防范，发生时又无法回避或克服的风险事件，包括地震、洪水、恶劣天气、罢工等。

将以上风险因素按照其发生阶段进行划分，可得到整个项目期间的风险识别结果，如表 4.9 所示。

表 4.9　风险识别与分类

风险类别	风险细分	准备期	建设期	回购期	运营期
政治风险	政策风险	√	√	√	√
	获准风险	√			
法律风险	法律稳定性	√	√	√	√
	法律责任风险	√	√	√	√
	违约风险		√	√	√
技术风险	设计风险	√	√		
	计划风险	√	√	√	√
工程风险	工期风险		√		
	费用风险		√		
	质量风险		√		
	安全风险		√	√	√
	监理风险		√		
	环保风险	√	√	√	√

续表

风险类别	风险细分	准备期	建设期	回购期	运营期
管理风险	管理体制		√	√	√
	人力管理风险		√	√	√
	设备管理维护风险			√	√
经济风险	融资风险		√	√	√
	金融风险		√	√	√
	回购与退出风险			√	
	市场风险			√	√
土地风险	出让风险			√	
	意向摘牌风险			√	
	对价风险			√	
	征地拆迁风险		√		
不可抗力风险	地震、洪水等	√	√	√	√

从表 4.9 中可以看出政策风险、法律责任风险、计划风险、环保风险和不可抗力风险将贯穿项目全生命周期；获准风险仅发生在项目准备期；技术风险和工程风险主要集中于项目建设期；回购与退出风险和土地风险主要集中在回购期；管理风险、市场风险和金融风险主要发生在运营期内。

2. 风险分配基本框架

(1) 风险分配基本原则。

按照风险分配优化、风险收益对等和风险可控等原则，综合考虑风险性质、风险管理能力和项目回报机制等因素，在政府和社会投资人间合理分配项目风险。基本原则为：

①承担风险的一方应该对该风险具有控制力。

②承担风险的一方能够将该风险合理转移。

③承担风险的一方对于控制该风险有更大的经济利益或动机。

④由该方承担风险最有效率。

⑤如果风险最终发生，承担风险的一方不应将由此产生的费用和损失转移给合同相对方。

（2）本项目的风险分配框架。

根据风险分配的基本原则，对本项目风险要素进行实际分析，建议相关风险分配框架如表 4. 10 所示。

表 4. 10　　风险责任分配

风险类别	风险细分	政府方	社会投资人
政治风险	政策风险	√	
	获准风险	√	
法律风险	法律稳定性	√	
	法律责任风险	√	√
	违约风险	√	√
技术风险	设计风险	√	√
	计划风险		√
工程风险	工期风险		√
	费用风险	√	√
	质量风险		√
	安全风险		√
	监理风险		√
	环保风险		√
管理风险	管理体制	√	√
	人力管理风险	√	√
	设备管理维护风险	√	√
经济风险	融资风险	√	√
	金融风险	√	
	回购与退出风险	√	
	市场风险	√	√

续表

风险类别	风险细分	政府方	社会投资人
土地风险	出让风险	√	
	意向摘牌风险		√
	对价风险	√	
	征地拆迁风险	√	
不可抗力风险	洪水、地震等	√	√

3. 风险控制

（1）对政治风险的控制。

政府不同部门在 PPP 项目运营过程中所处的角度不同，就会对项目持不同的态度，从而形成政府行为缺位和越位所带来的风险。因此项目公司要协调好政府部门的关系，并尽量完善合同条款，以规范政府方的行为。

政府一要转变职能，与社会其他部门构建良好的伙伴关系；二要建立 PPP 中心，保护项目公司和 PPP 项目顺利进行的同时，也起到规范和监管的作用；三要完善相关 PPP 模式的法律制度，明确规定政府部门与企业在项目中各自应承担的责任、义务和风险。

政策环境发生不利变化的风险无法控制。因此项目公司需要与政府部门保持良好的沟通，尽量完善合同体系中的相关条款以维护自身利益。

（2）对法律风险的控制。

PPP 模式是一个长期过程，是政府部门与社会投资人之间形成的契约关系，这种契约关系以双方就具体项目或事项签订的合同为基础，由政府部门与社会投资人通过合作来提供公共产品与服务。政府必须对此高度重视，对其专门管理。

由于 PPP 的立法还不完善，现有法律以及各项规定对某些问题的解释和要求会存在一定的交叉。对于项目公司来说，应确保各项协议、约定符合相关法律法规的要求，在合同条款的设置上仔细斟酌，并严格执行合同以维护各当事方的合法权益，保证权利和义务的履行。

（3）对技术风险及工程风险的控制。

为降低项目工程风险和技术风险，项目公司要运用成熟的公司管理理念和相关技术，严格按照国家的相关标准执行建设任务。项目公司有权对已经获批的项目工程、设计提出改动，但是要在特许协议中明确对项目建设的变更的通知、答复、确认、批准、实施等流程和期限。项目公司需聘请具有相关资格的监理公司对项目建设进行监管；在 EPC 合同中，政府与社会投资人应明确技术与建设的各项要求，以及双方承担的责任，以避免事后难以认定责任方；建设期完成后，可以考虑适当延长主要工程设备的质保期。

（4）对管理风险的控制。

项目公司经营层的主要人员需具备投融资、工程管理、公司管理、财务管理、地铁运营、人力资源等方面的丰富实践经验，以提高项目公司的经营能力和管理能力。项目公司需要建立完善合理且高效的管理系统以及公司制度，加强人员管理培训以及资产设备定期管理。

（5）对土地风险的控制。

由于本项目的财政支出主要通过相关土地对价和土地意向摘牌完成，政府部门应按计划及时清理相关土地、完成招拍挂以获得土地收益，用于项目回购及还本付息。同时对土地定价及确定出让面积等关键问题需要合理评估和规划，对土地规划的调整做好预判或应急机制，减少收益不足风险的发生。

4.6.5　合同体系

1. 法律主体

（1）C 市人民政府。

C 市人民政府是按照中华人民共和国法律正式组建和存续的，在国务院统一领导下负责组织和管理 C 市各项行政事务的地方国家行政机关。

（2）C 市发展和改革委员会。

C 市发展和改革委员会，系 C 市轨道交通 X 线工程 PPP 项目牵头部门，指导项目实施机构开展 PPP 项目前期评估论证、实施方案编制、合作伙伴选择、项目合同签订、项目组织实施以及合作期满移交等工作；同时，综合协调项目推进中涉及的城乡总体规划、土地利用总体规划、土地对价方案、股权回购方案、招标方案等具体方案的落实。

（3）C 市城市交通开发投资（集团）有限公司。

C 市城市交通开发投资（集团）有限公司，系 C 市人民政府授权的轨道交通 X 线工程 PPP 项目政府方出资代表，代表 C 市政府与社会资本共同出资组建 PPP 项目公司。

同时，作为 C 市人民政府授权的轨道交通 X 线工程 PPP 项目实施机构，在授权范围内负责 PPP 项目的前期评估论证、实施方案编制、合作伙伴选择、项目合同签订、项目组织实施以及合作期满移交等工作。

（4）C 市城乡建设委员会。

C 市城乡建设委员会代表 C 市政府，与项目公司签订《C 市轨道交通 X 线工程 PPP 项目特许经营合同》（以下简称《特许经营合同》），依法授予项目公司特许经营权。

（5）社会投资人。

社会投资人是指由政府方通过采购流程引入的、与政府方签署 PPP 项目相关合同的社会资本。根据 PPP 项目的政策指导方针和实际情况，应由具备较强能力和多元化实施业务的社会投资人入股 PPP 项目公司。

（6）项目公司。

项目公司是由中标的社会投资人、政府出资代表为实施本项目而按照相关合同约定设立的公司法人。项目公司成立后，将与政府方签订《C 市轨道交通 X 线工程 PPP 项目合同》（以下简称《PPP 项目合同》）、《特许经营合同》等法律协议，负责本项目工程的投融资、建设、运营与维护和移交等全部工作内容。

2. PPP 项目合同体系

轨道交通 X 线 PPP 项目的参与方包括政府方、社会资本方、融资方、设备供应商、专业运营商、工程总承包商（含设计、采购、施工）、保险公司等。在 PPP 项目中，项目参与方通过签订一系列合同来确立和调整彼此之间的权利义务关系，形成 PPP 项目的合同体系，该合同体系包含但不限于投资合作合同、PPP 项目合同、特许经营合同、合资合同、委托运营合同、融资合同、EPC 合同、机电设备采购合同、保险合同等。

在 PPP 项目合同体系中，PPP 项目合同是整个合同体系的中心；合资合同及股东为设立项目公司共同制定的公司章程是社会资本参与 PPP 项目的法律文件；委托运营合同、EPC 合同、机电设备采购合同等是项目公司的履约合同体系；融资合同、保险合同为项目公司正常运营提供支撑。

在轨道交通 X 线 PPP 项目招标文件中的合同包括投资合作合同、PPP 项目合同、特许经营合同、土地意向摘牌协议。工程总承包合同、委托运营合同、融资合同、保险合同等暂不附在招标文件中，由项目公司成立后，分别与工程总承包商、专业运营商、金融机构、保险公司协商确定。因工期原因，C 市轨道交通设计研究院、C 市勘测院联合体已与 C 市轨道交通（集团）有限公司签订《C 市轨道交通 X 线工程勘察设计总承包合同》，中标人将与设计联合体及轨道集团重新签订合同或签署相关补充协议，承继该合同项下轨道集团的全部权利和义务。

若 PPP 项目合同中的社会投资人为联合体，则其签订的联合体协议须交予政府方备案。

第5章 城市轨道交通PPP建设项目物有所值评价

5.1 物有所值评价概述

2004 年以英国为代表的《物有所值评估指南》(*Value for Money Assessment Guidance*) 最早开始提出 PPP 项目价值的完整评价框架，运用公共部门比较基准方法，并认为物有所值（Value for Money，VFM）为公共部门比较值（Public Sector Comparator，PSC）与全生命周期成本（Life Cycle Cost，LCC）之差，其中 PSC 为初始 PSC、保留风险费用、转移风险费用、竞争性中立费用之和，LCC 为 PPP 合同价与转移风险费用之和，在相同基准日、相同通货膨胀率下，以相同的折现率对未来现金流折现后比较的差额即 VFM。世界上较多采用 PPP 模式的国家普遍认同英国的物有所值评价体系，并在一定程度上借鉴其操作方法。2014 年世界银行公布的《PPP 参考指南（2.0 版)》[*Public - Private Partnerships Reference Guide*(*Version* 2.0)]总结了采用 VFM 定量评价国家的评价体系，特别是在定性评价、标准 PSC 的构建、PPP 模式与政府采购的成本—效益比较等方面解释 VFM 体系。

财政部公布的《政府和社会资本合作项目财政承受能力论证指引》和《PPP 物有所值评价指引（试行)》基本上借鉴了国际上通行的用 PSC

进行 PPP 项目物有所值评价。PPP 模式自创立之初就以 VFM 作为其标志性特征，VFM 的有效实施成为 PPP 模式不同于其他公共工程模式的最大特点。物有所值定量评价又是 VFM 的关键一环，科学准确的评价体系将通过融资能力和财务运行能力等指标反映项目的经济性；通过与社会资本共同的预期目标的实现程度衡量效率；通过对产出、结果、影响和目标达成度的评价实现 PPP 项目的效能。

物有所值表示投入成本相对于最终价值的效果，对于提供产品和服务而言，投入的成本既要体现投入的节约，又要实现投入的高效率产出，还要获得有质量或更适用的效果。从而，PPP 模式下的物有所值是指投入的资源配置达到最优的一种状态，包括资源投入环节成本的最小化（节约），生产运营环节投入的高效化（效率），分配环节回报的最大化（效果）。

与一般投资项目相比，PPP 项目在项目公益性、合作方的特殊性、程序的谨慎性等多方面存在差异，所以在进行项目物有所值评价时虽然使用的方法有所不同，但基本包含定性评价与定量评价过程。其中，定性评价针对项目中难以量化或货币化的关键影响因素，一般采用专家打分法、主成分分析法等方法汇集整理一系列问题的答案，进而得出定性分析结论；定量分析一方面对项目全生命周期的支出或成本进行估计，并采用一定的方法（如现金流量折现法）得到项目价值，另一方面从定性分析中识别的核心影响因素拆解出可量化指标进行项目价值调整因素分析。最终将得到的项目价值与政府制定的标杆价格比较，得到 VFM 值。这一过程将在项目流程的各个阶段执行，直到项目彻底结束。

5.2　定性评价

定性评价指标包括全生命周期整合程度、风险识别与分配、绩效导向与鼓励创新、潜在竞争程度、政府机构能力、可融资性六项基本评价指标。

第一，全生命周期整合程度指标主要考核在项目全生命周期内，项目设计、投融资、建造、运营和维护等环节能否实现长期、充分的整合。

第二，风险识别与分配指标主要考核在项目全生命周期内，各风险因素是否得到充分识别并在政府和社会资本之间进行合理分配。

第三，绩效导向与鼓励创新指标主要考核是否建立以基础设施及公共服务供给数量、质量和效率为导向的绩效标准和监管机制，是否落实节能环保、支持本国产业等政府采购政策，能否鼓励社会资本创新。

第四，潜在竞争程度指标主要考核项目内容对社会资本参与竞争的吸引力。

第五，政府机构能力指标主要考核政府转变职能、优化服务、依法履约、行政监管和项目执行管理等能力。

第六，可融资性指标主要考核项目的市场融资能力。

项目本级财政部门（或 PPP 中心）会同行业主管部门，可根据具体情况设置补充评价指标。补充评价指标主要是六项基本评价指标未涵盖的其他影响因素，包括项目规模大小、预期使用寿命长短、主要固定资产种类、全生命周期成本测算准确性、运营收入增长潜力、行业示范性等。

目前，我国 PPP 项目的物有所值评价以定性评价为主，定性评价如表 5.1 所示。定性评价采用专家打分表形式，根据专家（组）意见按评价指标逐项打分，最后按指标权重计算加权平均分得到评分结果，评分在 60 分（含）以上的，通过定性评价；否则，未通过。

表 5.1　　物有所值定性评价

指标		权重	评分	指标注释
基本指标	全生命周期整合程度			项目设计、投融资、建造、运营和维护等环节能否实现长期、充分整合
	风险识别与分配			各风险因素是否得到充分识别并在政府和社会资本之间进行合理分配

续表

<table>
<tr><th colspan="2">指标</th><th>权重</th><th>评分</th><th>指标注释</th></tr>
<tr><td rowspan="5">基本指标</td><td>绩效导向与鼓励创新</td><td></td><td></td><td>是否建立以基础设施及公共服务供给数量、质量和效率为导向的绩效标准和监管机制，是否落实节能环保、支持本国产业等政府采购政策，能否鼓励社会资本创新</td></tr>
<tr><td>潜在竞争程度</td><td></td><td></td><td>项目内容对社会资本参与竞争的吸引力</td></tr>
<tr><td>政府机构能力</td><td></td><td></td><td>政府转变职能、优化服务、依法履约、行政监管和项目执行管理等能力</td></tr>
<tr><td>可融资性</td><td></td><td></td><td>项目的市场融资能力</td></tr>
<tr><td>基本指标小计</td><td>80%</td><td></td><td></td></tr>
<tr><td rowspan="6">补充指标</td><td></td><td></td><td></td><td rowspan="7">包括项目规模大小、预期使用寿命长短、主要固定资产种类、全生命周期成本测算准确性、运营收入增长潜力、行业示范性等</td></tr>
<tr><td></td><td></td><td></td></tr>
<tr><td></td><td></td><td></td></tr>
<tr><td></td><td></td><td></td></tr>
<tr><td></td><td></td><td></td></tr>
<tr><td></td><td>20%</td><td></td></tr>
<tr><td colspan="2">合计</td><td>100%</td><td></td></tr>
</table>

5.3 定量评价

《PPP物有所值评价指引（试行）》要求，PPP项目物有所值评价应统筹定性评价与定量评价，现阶段主要以定性评价为主，鼓励开展定量评价。定量评价可作为项目全生命周期内风险分配、成本测算和数据收集的重要手段，以及项目决策和绩效评价的参考依据。

定量评价是在假定采用PPP模式与政府传统投资方式产出绩效相同的前提下，通过对PPP项目全生命周期内政府方净成本的现值（PPP值）与PSC值进行比较，判断PPP模式能否降低项目全生命周期成本。

PPP 值可等同于 PPP 项目全生命周期内股权投资、运营补贴、风险承担和配套投入等各项财政支出责任的现值。

PSC 值是以下三项成本的全生命周期现值之和：

第一，参照项目的建设和运营维护净成本。建设净成本主要包括参照项目设计、建造、升级、改造、大修等方面投入的现金以及固定资产、土地使用权等实物和无形资产的价值，并扣除参照项目全生命周期内产生的转让、租赁或处置资产所获的收益。运营维护净成本主要包括参照项目全生命周期内运营维护所需的原材料、设备、人工等成本，以及管理费用、销售费用和运营期财务费用等，并扣除假设参照项目与 PPP 项目付费机制相同情况下能够获得的使用者付费收入等。

第二，竞争性中立调整值。竞争性中立调整值主要是采用政府传统投资方式比采用 PPP 模式实施项目少支出的费用，通常包括少支出的土地费用、行政审批费用、有关税费等。

第三，项目全部风险成本。项目全部风险成本包括可转移给社会资本的风险承担成本和政府自留风险的承担成本。政府自留风险承担成本等同于 PPP 值中的全生命周期风险承担支出责任，两者在 PSC 值与 PPP 值比较时可对等扣除。

最后结果判定：PPP 值小于或等于 PSC 值的，认定为通过定量评价；PPP 值大于 PSC 值的，认定为未通过定量评价。

5.4 C 市轨道交通 X 线的 PPP 项目物有所值评价案例

5.4.1 物有所值定性分析

《政府和社会资本合作项目物有所值评价指引（试行）》第七条规定，

定性分析在项目识别阶段开展，由项目本级财政部门会同行业主管部门组织专家小组实施。由此可以看出，物有所值的定性分析是项目能否实施 PPP 模式的首要环节，但是，任何受委托的第三方中介咨询机构不宜也不得越俎代庖，代行财政部门和行业主管部门的职能，组织专家小组进行评价并作出是否通过的结论。

因此，物有所值定性分析的责任，就是按照《物有所值评价指引》的导向，结合项目实际，梳理定性分析的基本指标要素、建议附加指标的选择并赋予其相应权重。

1. 分析内容

定性分析重点关注项目采用 PPP 模式与采用政府传统投资和采购模式相比能否增加公共供给、优化风险分配、提高效率、促进创新和公平竞争等。

（1）增加公共供给。

本项目采用 PPP 模式，可拓展项目建设的融资渠道，形成多元化、可持续的资金投入机制，有利于整合社会资源、盘活社会存量资本、激发民间投资活力、拓展企业发展空间、提升经济增长动力、促进经济结构调整和转型升级、增加公共供给。

（2）优化风险分配。

轨道交通投资项目不仅要耗费大量的资金、物资、人力等宝贵资源，而且具有一次性投资和固定性的特点，一旦建成难以更改。因此，需要分析、识别拟建项目在建设和运营中潜在的主要风险因素，揭示风险来源，判别风险程度，提出规避风险对策，从而降低风险损失，优化风险分配，降低政府风险承担责任。

项目设计、建造、财务和运营维护等商业风险由项目公司承担，法律、政策等风险由政府承担，不可抗力等风险由政府和社会资本合理共担。由此，政府仅承担法律、政策风险和一部分不可抗力风险，大大降低了政府的风险承担成本。

（3）提高效率。

规范的 PPP 模式能够将政府的发展规划、市场监管、公共服务职能，与社会资本的管理效率、技术创新动力有机结合，减少政府对微观事务的过度参与，提高公共服务的效率与质量。

首先，对政府而言，可以减轻政府债务负担，减缓地方融资平台压力，有效促进政府职能转变，减少对微观事务的干预，从而将腾出的更多精力放到规划和监管上。

其次，对企业而言，可以降低参与公共领域项目的门槛，拓宽私人部门的发展空间，进一步激发非公有制经济的活力。

最后，对社会而言，通过“让专业的人做专业的事”，高低效益相配置，产生宏观效益，提高公共产品供给效率。

（4）促进创新和公平竞争。

PPP 模式形成了投融资机制的创新，可以将大量非政府的民间资金、社会资本引入公共工程与服务领域，但它又不仅局限于投融资模式层面的创新，它还以风险共担、利益共享、绩效升级方面的鲜明性质形成了管理模式的创新，并天然对接混合所有制改革和法治化制度建设，具有国家和社会治理模式创新层面的重要意义。

企业参与 PPP 模式强化了竞争机制，也给企业带来了面对更强竞争、持续发展成长能力的挑战。企业自身的技术创新以及在此基础上产生的市场竞争力是参与 PPP 模式的企业可持续发展的核心。

2. 分析方法

定性分析采用专家评分法，在已给定的基本指标及其权重的基础上，组织不少于三项附加指标及其权重。全生命周期整合程度、风险识别与分配、绩效导向与鼓励创新、潜在竞争程度、政府机构能力、可融资性六项基本指标的合计权重为 80%。同时，根据项目特点，另选取项目规模、项目资产寿命、项目资产种类、运营收入增长潜力四个指标作为附加指标，权重分别取 5%、5%、5%、5%，合计权重为 20%。

C 市财政局会同行业主管部门根据项目具体情况，选取物有所值评价专家，组成专家小组，并召开专家小组会议，得到项目评分结果，形成专家小组意见。

定性分析基本指标要素梳理如下：

（1）全生命周期整合程度。

经与项目实施机构沟通后明确轨道交通 X 线项目采用 PPP 模式，将把项目的设计、建造、融资和全部运营、维护一体化整体交予社会资本绝对控股的项目公司，并将该要求作为招标采购社会资本方的不可谈判、不可变更、不可撤销的重要条款，整合到《PPP 项目合同》中。

（2）风险识别与分配。

根据国家有关 PPP 项目的现行政策文件规定，在与项目实施机构充分沟通后，紧密结合项目实际，进行了深入细致的风险因素识别，并且结合轨道交通 X 线项目的行业特征，将风险在政府资本和社会资本间进行了明确、合理的分配。

（3）绩效导向。

轨道交通 X 线 PPP 项目的绩效指标设定原则为：

①项目设计和建造严格执行国家相关规定、招标文件要求和投资人的投标承诺，并作为验收和鉴定是否允许投入运营的质量和技术标准。

②项目的运营和维护充分结合轨道交通行业特征，委托专业公司设计轨道交通 X 线运营绩效指标体系，以全面合理地、有针对性地明确本项目的绩效导向。

（4）潜在竞争程度。

项目实施机构前期已对轨道交通 X 线项目情况进行了市场测试，并与意向投资人进行了初步接触，根据意向投资人的反馈情况，预期项目引起社会资本（或其联合体）之间竞争的潜力较大。

（5）鼓励创新。

项目的产出规格要求较为全面、清晰和可测量，并对如何交付提出了少量要求。

（6）政府机构能力。

在服务轨道交通 X 线项目过程中，可明确感知到 C 市政府对“合作、平等、专业、规范、多赢”等 PPP 精神的高度认识，能够清晰认知并实践“依法、依合同平等合作”的契约理念，在“合理设定边界、实现风险分担”上有明确、具体的指示和要求，在顶层设计上对“全生命周期绩效管理”作出了有所为、有所不为的政策导引；并通过组织召开有关 PPP 的工作会议、培训会议和项目推介会议，以及下发相关文件、对本项目实施机构的指示和督办等，将 PPP 提高到了完善基础设施及公共服务融资手段、转变政府职能、建立现代财政制度的高度来认识、强调和指导实践，具备了全面、清晰的 PPP 理念，为有效推进本项目的 PPP 实践提供了强有力的组织和领导保障。

3. 定性分析附加指标选择建议

（1）项目规模。

根据项目工程可行性研究报告，轨道交通 X 线 PPP 项目总投资规模估算为 325.56 亿元。

（2）项目资产寿命。

项目隧道结构的使用年限为 100 年，高架桥、房屋建筑的使用年限为 50 年以上，车辆的使用年限为 30 年。

（3）项目资产种类。

轨道交通 X 线项目有隧道结构、土地使用权、房屋建筑物、信息化设备、车辆、轨道和中央空调等后勤服务设备七大类资产。

（4）运营收入增长潜力。

随着国民经济增长，出行人数也会相应增长，客流量会以一定比例增长，长期来看收入增长会比较稳定，并且项目生命期长，附加增长值也是极为可观的。

4. 定性分析结论

物有所值评价专家小组通过采用专家评分法召开专家小组会议的方式，根据项目评分结果得出结论：原则上同意轨道交通 X 线项目通过物有所值定性分析，适宜采用 PPP 模式。

5.4.2　物有所值定量分析

1. 定量分析步骤

物有所值定量分析的主要步骤包括：

（1）根据参照项目计算 PSC 值。

（2）根据影子报价和实际报价计算 PPP 值。

（3）比较 PSC 值和 PPP 值，得出定量分析结论。

PPP 值小于或等于 PSC 值的，认定为通过定量评价；PPP 值大于 PSC 值的，认定为未通过定量评价。

2. 确定折现率

按照“折现率 = 无风险利率 + 风险补偿”，确定轨道交通 X 线 PPP 项目的折现率。2015 年 6 月 2 日 C 市政府自主发行的 10 年期地方政府一般债券票面年利率为 3.57%，该收益率应视为无风险利率，考虑适当的风险补偿，确定轨道交通 X 线项目的折现率为 4%。

3. PSC 值计算

PSC 值是指政府采用传统采购模式提供与 PPP 项目产出说明要求相同的基础设施及公共服务的全生命周期成本的净现值。

PSC 值 = 参照项目的建设和运营维护净成本 +
竞争性中立调整值 + 项目全部风险成本

（1）确定参照项目。

根据《PPP 物有所值评价指引（试行）》中参照项目设定原则，设定轨道交通 X 线 PPP 项目的参照项目如下：

①假设政府采用现实可行的、最有效的传统投资方式实施的、与 PPP 项目产出相同的虚拟项目。

②最近五年内，相同或相似地区采用政府传统投资方式实施的、与

PPP 项目产出相同或非常相似的项目。

（2）计算 PSC 值。

①参照项目的建设净成本。

建设净成本主要包括参照项目设计、建造、升级、改造、大修等方面投入的现金以及固定资产、土地使用权等实物和无形资产的价值，并扣除参照项目全生命周期内产生的转让、租赁或处置资产所获的收益。

本项目的总投资为 3 255 615.20 万元，包括了建设净成本中的各项费用，全生命周期内无其他费用发生，因此建设净成本与总投资相同。

②运营维护净成本。

运营维护净成本主要包括参照项目全生命周期内运营维护所需的原材料、设备、人工等成本，以及管理费用、销售费用和运营期财务费用等，并扣除假设参照项目与 PPP 项目付费机制相同情况下能够获得的使用者付费收入等。

轨道交通 X 线项目使用者付费收入来源于票务收入以及其他收入。

票务收入由客流量和单位票价决定。

C 市轨道交通 X 线客流预测采用四阶段法，以常住人口（第六次人口普查口径）为核心，在居民出行采用公共交通方式的 OD 矩阵基础上，综合出行时间（包括步行时间、候车时间、乘车时间、换乘时间和票价当量时间）测算轨道交通线网各线路的客流量。测算结果如表 5.2 所示，日均客流在 2023 年、2030 年和 2045 年分别为 71.52 万人、103.09 万人、168.15 万人。节点依据按照平均比例计算，2022 ~ 2029 年客流量年均增幅为 4%，2029 ~ 2044 年客流量年均增幅为 2.4%。

表 5.2　　　　客流量预测

指标	2023 年	2030 年	2045 年
全日客流量（万人/日）	71.52	103.09	168.15
单向最大高峰小时断面客流量（万人/时）	2.85	3.93	4.61
线路负荷（万人/千米）	1.57	2.26	2.87
全日平均运距（千米）	7.76	7.96	7.82

根据《C 市物价局关于轨道交通票价的通知》，C 市轨道交通现行票价如表 5.3 所示。

表 5.3　　轨道交通票价标准

里程数（千米）	票价（元）
0～6	2
6～11	3
11～17	4
17～24	5
24～32	6
32～41	7
41～51	8
51～63	9
63 以上	10

轨道交通 X 线项目的运营收入主要是指运营票款收入，是客流量与单位票价的乘积。单位票价按照平均运距 7.76 千米计算，按照 C 市现有线路的收费标准，单位票价暂定为 3 元。

其他业务主要考虑广告收入和车站商业租赁等收入，参考 C 市现有轨道交通运营情况，本部分收入暂按运营收入的 10% 计算。

X 线每年运营净成本如表 5.4 所示。

表 5.4　　每年运营净成本　　单位：万元

年份	运营成本	各年使用者付费	每年运营净成本
2021	201 394.46	35 423.25	165 971.21
2022	198 623.28	50 008.65	148 614.63
2023	195 874.61	78 314.4	117 560.21
2024	193 149.12	91 377.75	101 771.37
2025	190 447.46	98 812.8	91 634.66

续表

年份	运营成本	各年使用者付费	每年运营净成本
2026	187 770. 30	102 338. 7	85 431. 60
2027	185 118. 35	105 974. 1	79 144. 25
2028	182 492. 33	108 558. 3	73 934. 03
2029	179 892. 96	110 978. 25	68 914. 71
2030	177 321. 02	112 883. 55	64 437. 47
2031	174 777. 29	120 833. 25	53 944. 04
2032	172 262. 56	126 658. 65	45 603. 91
2033	169 777. 68	129 845. 1	39 932. 58
2034	167 323. 48	135 298. 2	32 025. 28
2035	177 721. 47	140 893. 65	36 827. 82
2036	175 331. 32	145 131. 3	30 200. 02
2037	176 554. 89	150 639. 15	25 915. 74
2038	177 812. 82	156 858. 75	20 954. 07
2039	179 106. 08	160 691. 25	18 414. 83
2040	193 138. 50	162 859. 35	30 279. 15
合计	3 655 889. 98	2 324 378. 40	1 331 511. 58

③竞争性中立调整值。

轨道交通 X 线项目不存在土地费用、行政审批费用、有关税费等减免，竞争性中立调整值为零。

④风险承担成本。

轨道交通 X 线项目采用层次分析法对轨道交通风险评价的指标进行权重分析。

轨道交通 X 线项目首先对各风险概率取综合估计值，并进行统计学的可信性检验，确保各风险发生概率的估计值相对准确。其次计算政府风险承担支出金额，作为风险承担成本，轨道交通 X 线项目的政府风险支出如表 5.5 所示。

表 5.5　　政府风险承担支出　　单位：万元

年份	建设期	运营期	全周期	政府风险支出
2016	79.16		566.24	645.40
2017	79.16		566.24	645.40
2018	79.16		566.24	645.40
2019	79.16		566.24	645.40
2020	79.16		566.24	645.40
2021		5 358.49	566.24	5 924.73
2022		5 358.49	566.24	5 924.73
2023		5 358.49	566.24	5 924.73
2024		5 358.49	566.24	5 924.73
2025		5 358.49	566.24	5 924.73
2026		5 358.49	566.24	5 924.73
2027		5 358.49	566.24	5 924.73
2028		5 358.49	566.24	5 924.73
2029		5 358.49	566.24	5 924.73
2030		5 358.49	566.24	5 924.73
2031		5 358.49	566.24	5 924.73
2032		5 358.49	566.24	5 924.73
2033		5 358.49	566.24	5 924.73
2034		5 358.49	566.24	5 924.73
2035		5 358.49	566.24	5 924.73
2036		5 358.49	566.24	5 924.73
2037		5 358.49	566.24	5 924.73
2038		5 358.49	566.24	5 924.73
2039		5 358.49	566.24	5 924.73
2040		5 358.49	566.24	5 924.73
合计	395.8	107 169.8	14 156.00	121 721.63

最终，得出 PSC 值。

PSC 值 = 参照项目的建设净成本 + 运营维护净成本 + 竞争性中立调整值 + 政府风险成本 = 1 774 925.6 + 1 331 511.58 + 121 721.63 = 3 228 158.81（万元）

4. PPP 值计算

PPP 值为财政承受能力论证中合计支出的现值。支出合计如表 5.6 所示。

表 5.6　　支出合计　　单位：万元

年份	股权投资支出	运营补贴支出	风险承担支出	配套投入支出	合计支出
2016	39 100.00		1 155.40	0	40 255.40
2017	50 600.00		1 155.40	0	51 755.40
2018	57 500.00		1 155.40	0	58 655.40
2019	82 800.00		1 155.40	0	83 955.40
2020	45 000.00		1 155.40	0	46 155.40
2021	55 000.00	35 423.25	10 124.73	0	100 547.98
2022	55 000.00	50 008.65	10 124.73	0	115 133.38
2023	105 000.00	78 314.4	10 124.73	0	193 439.13
2024	55 000.00	91 377.75	10 124.73	0	156 502.48
2025	55 000.00	98 812.8	10 124.73	0	163 937.53
2026	55 000	102 338.7	10 124.73	0	167 463.43
2027	0	105 974.1	10 124.73	0	116 098.83
2028	0	108 558.3	10 124.73	0	118 683.03
2029	100 000.00	110 978.25	10 124.73	0	221 102.98
2030	0	112 883.55	10 124.73	0	123 008.28
2031	0	120 833.25	10 124.73	0	130 957.98
2032	0	126 658.65	10 124.73	0	136 783.38

续表

年份	股权投资支出	运营补贴支出	风险承担支出	配套投入支出	合计支出
2033	0	129 845. 1	10 124. 73	0	139 969. 83
2034	0	135 298. 2	10 124. 73	0	145 422. 93
2035	100 000. 00	140 893. 65	10 124. 73	0	251 018. 38
2036	0	145 131. 3	10 124. 73	0	155 256. 03
2037	0	150 639. 15	10 124. 73	0	160 763. 88
2038	0	156 858. 75	10 124. 73	0	166 983. 48
2039	0	160 691. 25	10 124. 73	0	170 815. 98
2040	0	162 859. 35	10 124. 73	0	172 984. 08
合计	855 000. 00	2 324 378. 40	208 271. 60	0	3 387 650. 00

注：运营补贴支出考虑了折现率及利润率。

$$\text{PPP 值} = 3\ 387\ 650.00 \text{ 万元}$$

5. 计算结果

综合上述数值，得出 PSC 值小于 PPP 值的结论。

6. 物有所值评价结论

根据物有所值评价要求，PPP 值小于或等于 PSC 值的，认定为通过定量评价；PPP 值大于 PSC 值的，认定为未通过定量评价。轨道交通 X 线项目 PSC 值小于 PPP 值，定量评价未通过，不适宜采用 PPP 模式。

第6章 城市轨道交通PPP建设项目财政承受能力论证

6.1 财政承受能力论证概述

2015 年 4 月，财政部下发的《政府和社会资本合作项目财政承受能力论证指引》中指出，财政承受能力论证是指识别、测算政府和社会资本合作（PPP）项目的各项财政支出责任，科学评估项目实施对当前及今后年度财政支出的影响，为 PPP 项目财政管理提供依据。PPP 项目全生命周期过程的财政支出责任，主要包括股权投资、运营补贴、风险承担、配套投入等。对政府实施 PPP 项目的财政承受能力进行论证，有利于加强对政府支出责任的管理，提高政府对 PPP 项目财政风险的认识，为 PPP 项目的顺利实施提供保障，实现 PPP 项目的可持续发展。

财政承受能力论证可以分为四个环节实施。第一个环节是责任识别，即正确识别政府在 PPP 项目中的支出责任，主要包括项目前期的股权投资、项目运营阶段的运营补贴、项目建设和运营期间的风险承担、为保证项目顺利实施的配套投入等。第二个环节是支出测算，即在正确识别各项政府支出责任的基础上，根据各项政府支出责任的特点，对政府的财政支出进行科学测算。第三个环节是能力评估，根据政府支出责任的识别和测算结果，汇总行政区域内的 PPP 项目数据，对财政支持的能力和行业领域均衡性进行评估。第四个环节是信息披露，即各级财政部门要通过网络媒体，定期公布本区域内 PPP 项目的政府责任支出数据。

6.2 责任识别

PPP 项目全生命周期过程的财政支出责任，主要包括股权投资、运营补贴、风险承担、配套投入等。

股权投资支出责任是指在政府与社会资本共同组建项目公司的情况下，政府承担的股权投资支出责任。如果社会资本单独组建项目公司，政府不承担股权投资支出责任。

运营补贴支出责任是指在项目运营期间，政府承担的直接付费责任。不同付费模式下，政府承担的运营补贴支出责任不同。政府付费模式下，政府承担全部运营补贴支出责任；可行性缺口补助模式下，政府承担部分运营补贴支出责任；使用者付费模式下，政府不承担运营补贴支出责任。

风险承担支出责任是指项目实施方案中政府承担风险带来的财政或有支出责任。通常在政府承担法律风险、政策风险、最低需求风险以及因政府方原因导致项目合同终止等突发情况时，会产生财政或有支出责任。

配套投入支出责任是指政府提供的项目配套工程等其他投入责任，通常包括土地征收和整理、建设部分项目配套措施、完成项目与现有相关基础设施和公用事业的对接、投资补助、贷款贴息等。配套投入支出应依据项目实施方案合理确定。

6.3 支出测算

财政部门或 PPP 中心应当综合考虑各类支出责任的特点、情景和发生概率等因素，对项目全生命周期内财政支出责任分别进行测算。

6.3.1 股权投资支出

应当依据项目资本金要求以及项目公司股权结构合理确定股权投资支出。其中的土地等实物投入或无形资产投入，应依法进行评估，合理确定价值。计算公式为：

$$股权投资支出=项目资本金\times政府占项目公司股权比例$$

6.3.2 运营补贴支出

应当根据项目建设成本、运营成本及利润水平合理确定运营补贴支出，并按照不同付费模式分别测算。

1. 政府付费模式的项目

在项目运营补贴期间，政府承担全部直接付费责任。政府每年直接付费数额包括社会资本方承担的年均建设成本（折算成各年度现值）、年度运营成本和合理利润。计算公式为：

$$当年运营补贴支出数额=\frac{项目全部建设成本\times(1+合理利润率)\times(1+年度折现率)^n}{财政运营补贴周期(年)}+年度运营成本\times(1+合理利润率)$$

2. 可行性缺口补助模式的项目

在项目运营补贴期间，政府承担部分直接付费责任。政府每年直接付费数额包括社会资本方承担的年均建设成本（折算成各年度现值）、年度运营成本和合理利润，再减去每年使用者付费的数额。计算公式为：

$$当年运营补贴支出数额=\frac{项目全部建设成本\times(1+合理利润率)\times(1+年度折现率)^{n}}{财政运营补贴周期(年)}+年度运营成本\times(1+合理利润率)-当年使用者付费数额$$

其中：n 代表折现年数；财政运营补贴周期指财政提供运营补贴的年数。

年度折现率应考虑财政补贴支出发生年份，并参照同期地方政府债券收益率合理确定。合理利润率应以商业银行中长期贷款利率水平为基准，充分考虑可用性付费、使用量付费、绩效付费的不同情景，并结合风险等因素确定。在计算运营补贴支出时，应当充分考虑合理利润率变化对运营补贴支出的影响。

6.3.3　风险承担支出

应充分考虑各类风险出现的概率和带来的支出责任，可采用比例法、情景分析法及概率法进行测算。如果 PPP 合同约定保险赔款的第一受益人为政府，则风险承担支出应为扣除这类风险赔款金额后的净额。

1. 比例法

在各类风险支出数额和概率难以进行准确测算的情况下，可以按照项目的全部建设成本和一定时期内运营成本的一定比例确定风险承担支出。

2. 情景分析法

在各类风险支出数额可以进行测算、但在出现概率难以确定的情况下，可针对影响风险的各类事件和变量进行“基本”“不利”及“最坏”等情景假设，测算各类风险发生带来的风险承担支出。计算公式为：

风险承担支出数额 = 基本情景下财政支出数额 × 基本情景出现的概率 +
不利情景下财政支出数额 × 不利情景出现的概率 +
最坏情景下财政支出数额 × 最坏情景出现的概率

3. 概率法

在各类风险支出数额和发生概率均可进行测算的情况下，可将所有可变风险参数作为变量，根据概率分布函数，计算各种风险发生带来的风险承担支出。

6.3.4 配套投入支出责任

应综合考虑政府将提供的其他配套投入总成本和社会资本方为此支付的费用。配套投入支出责任中的土地等实物投入或无形资产投入，应依法进行评估，合理确定价值。计算公式为：

配套投入支出数额 = 政府拟提供的其他投入总成本 − 社会资本方支付的费用

6.4 能力评估

财政承受能力评估包括财政支出能力评估以及行业和领域平衡性评估。财政支出能力评估，是根据 PPP 项目预算支出责任，评估 PPP 项目实施对当前及今后年度财政支出的影响；行业和领域均衡性评估，是根据 PPP 模式适用的行业和领域范围，以及经济社会发展需要和公众对公共服务的需求，平衡不同行业和领域 PPP 项目，防止某一行业和领域 PPP 项目过于集中。每一年度全部 PPP 项目需要从预算中安排的支出责任，占一般公共预算支出比例应当不超过 10%。省级财政部门可根据本地实际情况，因地制宜确定具体比例，并报财政部备案，同时对外公布。

在进行财政支出能力评估时，未来年度一般公共预算支出数额可参照前 5 年相关数额的平均值及平均增长率计算，并根据实际情况进行适当调整。

在 PPP 项目正式签订合同时，财政部门或 PPP 中心应当对合同进行审核，确保合同内容与财政承受能力论证保持一致，防止因合同内容调整导致财政支出责任出现重大变化。财政部门要严格按照合同执行，及时办理支付手续，切实维护地方政府信用，保障公共服务有效供给。

6.5　C 市轨道交通 X 线的 PPP 项目财政承受能力论证案例

6.5.1　财政支出责任

在 PPP 项目全生命周期的不同阶段，对应政府承担的不同义务，财政支出责任主要包括股权投资、运营补贴、风险承担，以及配套投入。

1. 股权投资支出

股权投资支出责任是指在政府与社会资本共同组建项目公司的情况下，政府承担的股权投资支出责任。

2. 运营补贴支出

运营补贴支出责任是指在项目运营期间，政府承担的直接付费责任。不同付费模式下，政府承担的运营补贴支出责任不同。政府付费模式下，政府承担全部运营补贴支出责任；可行性缺口补助模式下，政府承担部分运营补贴支出责任；使用者付费模式下，政府不承担任何运营补贴支出责任。

经营缺口部分由C市政府或市财政局根据经验数据或第三方专业机构进行测算，对不同时间段的各项运营成本范围予以规制，在此基础上科学建立轨道交通运营成本标准，并根据成本和实际收入的差额（运营缺口）进行差价财政补贴。

3. 风险承担支出

风险承担支出责任是指由政府承担风险带来的财政或有支出责任。

4. 配套投入支出

配套投入支出责任是指政府承诺将提供的配套工程等其他投入责任，包括土地征收和整理、建设部分项目配套设施、完成项目与现有相关基础设施和公用事业的对接、投资补助、贷款贴息等。根据项目实施方案，配套投入不计算在本项目内，政府不承担相应的支出。

6.5.2 支出测算

1. 股权投资支出

轨道交通X线PPP项目股权投资支出如表6.1所示，为政府的初始投入加上全生命周期内回购其他投资人的股权投资。

表6.1 **股权投资支出** 单位：万元

年份	政府出资	回购投资人股权额	回购基金股权额	合计
2016	39 100.00	0	0	39 100.00
2017	50 600.00	0	0	50 600.00
2018	57 500.00	0	0	57 500.00
2019	82 800.00	0	0	82 800.00
2020	45 000.00		0	45 000.00

续表

年份	政府出资	回购投资人股权额	回购基金股权额	合计
2021	0	55 000.00	0	55 000.00
2022	0	55 000.00	0	55 000.00
2023	0	55 000.00	50 000.00	105 000.00
2024	0	55 000.00	0	55 000.00
2025	0	55 000.00	0	55 000.00
2026	0	55 000.00	0	55 000.00
2027	0	0	0	0
2028	0	0	0	0
2029	0	0	100 000.00	100 000.00
2030	0	0	0	0
2031	0	0	0	0
2032	0	0	0	0
2033	0	0	0	0
2034	0	0	0	0
2035	0	0	100 000.00	100 000.00
2036	0	0	0	0
2037	0	0	0	0
2038	0	0	0	0
2039	0	0	0	0
2040	0	0	0	0
合计	275 000.00	330 000.00	250 000.00	855 000.00

2. 运营补贴支出

经测算，项目全生命周期会发生亏损。以平衡每年的成本收入为标准，本项目有使用者付费存在，因此，采用可行性缺口补助模式，在项目运营补贴期间，政府承担部分直接付费责任。政府每年直接付费数额应减去每年使用者付费的数额。

$$当年运营补贴支出数额 = \frac{项目全部建设成本 \times (1 + 合理利润率) \times (1 + 年度折现率)^n}{财政运营补贴周期(年)} + 年度运营成本 \times (1 + 合理利润率) - 当年使用者付费数额$$

运营补贴支出如表 6.2 所示。

表 6.2　　运营补贴支出　　单位：万元

年份	运营成本	使用者付费	年度财政补贴支出
2020	204 187.56	63 819.45	262 746.27
2021	201 394.46	66 372.23	261 080.22
2022	198 623.28	69 027.12	259 297.63
2023	195 874.61	71 788.20	258 008.80
2024	193 149.12	74 659.73	255 424.54
2025	190 447.46	77 646.12	251 805.90
2026	187 770.30	80 751.96	251 428.66
2027	185 118.35	83 982.04	251 170.60
2028	182 492.33	87 341.32	251 036.20
2029	179 892.96	90 834.97	251 030.10
2030	177 321.02	93 015.01	252 610.49
2031	174 777.29	95 247.37	254 422.03
2032	172 262.56	97 533.31	256 474.46
2033	169 777.68	99 874.11	258 777.96
2034	167 323.48	102 271.09	261 343.08
2035	177 721.47	104 725.60	277 193.77
2036	175 331.32	107 239.01	274 588.23
2037	176 554.89	109 812.75	281 497.90
2038	177 812.82	112 448.25	288 710.54
2039	179 106.08	115 147.01	296 238.89
2040	193 138.50	117 910.54	316 798.97

3. 风险承担支出

（1）风险支出数额的确定。

在 C 市轨道交通 X 线项目风险分配框架的基础上，以层次分析理论为基本思路，建立了 C 市轨道交通 X 线项目风险评价指标体系（见表 6.3），形成了目标层、准则层和因素层的三层层次结构。

表 6.3　X 线项目风险评价指标体系

目标层 A	准则层 B	因素层 C
C 市轨道交通 X 线项目风险评价指标 A	政治风险 B1	政策风险 C1
		获准风险 C2
	法律风险 B2	法律稳定性 C3
		法律责任风险 C4
		违约风险 C5
	技术风险 B3	设计风险 C6
		计划风险 C7
	工程风险 B4	工期风险 C8
		费用风险 C9
		质量风险 C10
		安全风险 C11
		监理风险 C12
		环保风险 C13
	管理风险 B5	管理体制 C14
		人力管理风险 C15
		设备管理维护风险 C16
	经济风险 B6	融资风险 C17
		金融风险 C18
		回购与退出风险 C19
		市场风险 C20
	土地风险 B7	出让风险 C21
		兜底风险 C22
		对价风险 C23
	不可抗力风险 B8	地震、洪水等 C24

风险支出数额的确定需要采用层次分析法对轨道交通风险评价的指标进行权重分析。该方法把各种因素按照一定的顺序划分成相互联系的有序层次，分析系统中各因素之间的关系，建立系统的递阶层次结构；在同一层次中，各元素两两之间的相对重要性可以根据客观情况或主观经验作出判断，并以定量表示，然后用数学方法确定该层元素对于该层准则的权重，进而计算全部元素对总目标的合成权重。

（2）风险发生概率的确定。

本次评估共邀请了 5 位专家，这 5 位专家均是在轨道交通项目领域有丰富实践经验的从业人员或有深入研究的学者。各位专家分别对该项目各项风险的发生概率进行打分，然后对专家的打分样本进行计算处理，得到各因素概率综合估计值，并进行统计学的可信性检验，确保专家对各风险发生概率的估计值相对集中。

（3）风险承担支出计算。

当风险值计算所需要的两个重要参数确定后，只要将各部分风险进行综合计算，求出各项风险值的大小，即可根据风险承担的结果分别计算出保留风险和可转移风险。

具体计算过程及结果如表 6.4 所示。其中，第Ⅱ列是利用层次分析法计算得出的各项风险对整个项目造成损失的相对比例大小，用该权重值乘以项目的总投资，即可得到每一项风险造成损失的数额，在表 6.4 中即第Ⅱ列的损失大小乘以第Ⅲ列的项目总成本得到第Ⅵ列风险损失值。风险值的大小是用风险损失乘以风险发生概率，风险损失即第Ⅵ列计算得到的结果，风险发生概率即利用统计方法计算得到的第Ⅳ列。因此，该过程在表 6.4 中即第Ⅳ列乘以第Ⅵ列等于第Ⅶ列。计算出各项风险值的大小之后，第Ⅴ列中列出风险承担方根方据相应比例分配，即可得到保留风险值。

表 6.4　　X 线项目全生命周期内风险承担

三级指标	项目损失大小权重	项目总投资（万元）	发生概率	风险承担方	风险损失值（Ⅱ×Ⅲ）（万元）	风险值（Ⅳ×Ⅵ）（万元）	保留风险（万元）
Ⅰ	Ⅱ	Ⅲ	Ⅳ	Ⅴ	Ⅵ	Ⅶ	Ⅷ
政策风险	0.018	3 255 615.20	0.03	政府承担	58 601.07	1 758.03	1 758.03
获准风险	0.003	3 255 615.20	0.01	政府承担	9 766.85	97.67	97.67
法律稳定性	0.007	3 255 615.20	0.02	政府承担	22 789.31	455.79	455.79
法律责任风险	0.01	3 255 615.20	0.07	共同承担	32 556.15	2 278.93	1 640.83
违约风险	0.046	3 255 615.20	0.05	共同承担	149 758.30	7 487.91	5 391.30
设计风险	0.026	3 255 615.20	0.01	投资人承担	84 646.00	846.46	0
计划风险	0.009	3 255 615.20	0.02	投资人承担	29 300.54	586.01	0
工期风险	0.012	3 255 615.20	0.18	投资人承担	39 067.38	7 032.13	0
费用风险	0.067	3 255 615.20	0.26	投资人承担	218 126.22	56 712.82	0
质量风险	0.031	3 255 615.20	0.06	投资人承担	100 924.07	6 055.44	0
安全风险	0.009	3 255 615.20	0.02	投资人承担	29 300.54	586.01	0
监理风险	0.008	3 255 615.20	0.02	投资人承担	26 044.92	520.90	0
环保风险	0.011	3 255 615.20	0.03	投资人承担	35 811.77	1 074.35	0

续表

三级指标	项目损失大小权重	项目总投资（万元）	发生概率	风险承担方	风险损失值（Ⅱ×Ⅲ）（万元）	风险值（Ⅳ×Ⅵ）（万元）	保留风险（万元）
Ⅰ	Ⅱ	Ⅲ	Ⅳ	Ⅴ	Ⅵ	Ⅶ	Ⅷ
管理体制	0.02	3 255 615.20	0.09	共同承担	65 112.30	5 860.11	4 219.28
人力管理风险	0.022	3 255 615.20	0.17	共同承担	71 623.53	12 176.00	8 766.72
设备管理维护风险	0.022	3 255 615.20	0.07	共同承担	71 623.53	5 013.65	3 609.83
融资风险	0.011	3 255 615.20	0.03	共同承担	35 811.77	1 074.35	773.53
金融风险	0.06	3 255 615.20	0.1	投资人承担	195 336.91	19 533.69	0
回购与退出风险	0.1	3 255 615.20	0.21	投资人承担	325 561.52	68 367.92	0
市场风险	0.19	3 255 615.20	0.25	共同承担	618 566.89	154 641.72	111 342.04
出让风险	0.19	3 255 615.20	0.1	政府承担	618 566.89	61 856.69	61 856.69
意向摘牌风险	0.086	3 255 615.20	0.23	投资人承担	279 982.91	64 396.07	0
对价风险	0.017	3 255 615.20	0.15	政府承担	55 345.46	8 301.82	8 301.82
征地拆迁风险	0.013	3 255 615.20	0.01	政府承担	42 323.00	423.23	423.23
不可抗力风险	0.012	3 255 615.20	0.01	共同承担	39 067.38	390.67	281.29
合计							208 918.04

根据轨道交通 X 线项目物有所值定量分析 PSC 值所需的风险承担成本，这个结果同样可以作为财务测算中的风险承担成本，具体内容见表 6. 5。

表 6. 5　　**政府风险承担支出**　　单位：万元

年份	建设期	运营期	全周期	政府风险支出
2016	89. 16		1 066. 24	1 155. 4
2017	89. 16		1 066. 24	1 155. 4
2018	89. 16		1 066. 24	1 155. 4
2019	89. 16		1 066. 24	1 155. 4
2020	89. 16		1 066. 24	1 155. 4
2021		9 058. 49	1 066. 24	10 124. 73
2022		9 058. 49	1 066. 24	10 124. 73
2023		9 058. 49	1 066. 24	10 124. 73
2024		9 058. 49	1 066. 24	10 124. 73
2025		9 058. 49	1 066. 24	10 124. 73
2026		9 058. 49	1 066. 24	10 124. 73
2027		9 058. 49	1 066. 24	10 124. 73
2028		9 058. 49	1 066. 24	10 124. 73
2029		9 058. 49	1 066. 24	10 124. 73
2030		9 058. 49	1 066. 24	10 124. 73
2031		9 058. 49	1 066. 24	10 124. 73
2032		9 058. 49	1 066. 24	10 124. 73
2033		9 058. 49	1 066. 24	10 124. 73
2034		9 058. 49	1 066. 24	10 124. 73
2035		9 058. 49	1 066. 24	10 124. 73
2036		9 058. 49	1 066. 24	10 124. 73
2037		9 058. 49	1 066. 24	10 124. 73
2038		9 058. 49	1 066. 24	10 124. 73
2039		9 058. 49	1 066. 24	10 124. 73
2040		9 058. 49	1 066. 24	10 124. 73
合计	445. 80	181 169. 80	26 656. 00	208 271. 60

4. 配套投入支出

配套投入包括土地征收和整理、建设部分项目配套设施、完成项目与现有相关基础设施和公用事业的对接、投资补助、贷款贴息。根据项目实施方案，配套投入不计算在本项目内，政府不承担相应的支出，轨道交通X线PPP项目配套投入支出为0。

5. 支出合计

轨道交通X线PPP项目的风险支出如表6.6所示，包含了股权投资支出、运营补贴支出、风险承担支出、配套投入支出，前面的PPP值可以作为轨道交通X线PPP项目的风险支出。

表6.6　　支出合计　　单位：万元

年份	股权投资支出	运营补贴支出	风险承担支出	配套投入支出	合计支出
2016	39 100.00		1 155.4	0	40 255.40
2017	50 600.00		1 155.4	0	51 755.40
2018	57 500.00		1 155.4	0	58 655.40
2019	82 800.00		1 155.4	0	83 955.40
2020	45 000.00		1 155.40	0	46 155.40
2021	55 000.00	35 423.25	10 124.73	0	100 547.98
2022	55 000.00	50 008.65	10 124.73	0	115 133.38
2023	105 000.00	78 314.4	10 124.73	0	193 439.13
2024	55 000.00	91 377.75	10 124.73	0	156 502.48
2025	55 000.00	98 812.8	10 124.73	0	163 937.53
2026	55 000	102 338.7	10 124.73	0	167 463.43
2027	0	10 5974.1	10 124.73	0	116 098.83
2028	0	108 558.3	10 124.73	0	118 683.03
2029	100 000.00	110 978.25	10 124.73	0	221 102.98
2030	0	112 883.55	10 124.73	0	123 008.28
2031	0	120 833.25	10 124.73	0	130 957.98

续表

年份	股权投资支出	运营补贴支出	风险承担支出	配套投入支出	合计支出
2032	0	126 658.65	10 124.73	0	136 783.38
2033	0	129 845.1	10 124.73	0	139 969.83
2034	0	135 298.2	10 124.73	0	145 422.93
2035	100 000.00	140 893.65	10 124.73	0	251 018.38
2036	0	145 131.3	10 124.73	0	155 256.03
2037	0	150 639.15	10 124.73	0	160 763.88
2038	0	156 858.75	10 124.73	0	166 983.48
2039	0	160 691.25	10 124.73	0	170 815.98
2040	0	162 859.35	10 124.73	0	172 984.08
合计	855 000.00	2 324 378.40	208 271.60	0.00	3 387 650.00

注：运营补贴支出考虑了折现率及利润率。

6.5.3　能力评估

1. 财政支出能力评估

近 5 年来 C 市公共预算支出如表 6.7 所示。

表 6.7　　近 5 年 C 市一般公共预算支出

公共预算支出	2011 年	2012 年	2013 年	2014 年	2015 年
金额（万元）	25 700 000.00	30 460 000.00	30 620 000.00	33 037 202.00	37 938 000.00
增长率（%）		18.52	0.53	7.89	14.83

随着我国经济增长减速，财政收支出现变化，但长期经济发展规律不会发生改变，结合最近 5 年我国与 C 市 GDP 统计结果，不难发现 C 市的经济增速是高于全国平均水平的，稳定在两位数。以 2011 ~ 2015 年财政支出作为计算依据，将一般公共预算的平均增长率设置为 10.44% 是合理

的。假设公共预算支出在特许经营期内以此速度增长，则在项目全周期内，政府公共预算支出和支出责任占财政预算支出的比例如表 6.8 所示（2016 年为第 1 年）。

表 6.8　　　　政府支出一般公共预算占比

年份	一般公共预算（万元）	政府支出预测（万元）	政府支出一般公共预算占比（%）
2016	23 486 342.53	40 255.40	0.17
2017	25 938 316.69	51 755.40	0.20
2018	28 646 276.95	58 655.40	0.20
2019	31 636 948.27	83 955.40	0.27
2020	34 939 845.67	46 155.40	0.13
2021	38 587 565.55	100 547.98	0.26
2022	42 616 107.40	115 133.38	0.27
2023	47 065 229.01	193 439.13	0.41
2024	51 978 838.92	156 502.48	0.30
2025	57 405 429.70	163 937.53	0.29
2026	63 398 556.56	167 463.43	0.26
2027	70 017 365.87	116 098.83	0.17
2028	77 327 178.86	118 683.03	0.15
2029	85 400 136.34	221 102.98	0.26
2030	94 315 910.57	123 008.28	0.13
2031	104 162 491.63	130 957.98	0.13
2032	115 037 055.76	136 783.38	0.12
2033	127 046 924.38	139 969.83	0.11
2034	140 310 623.29	145 422.93	0.10
2035	154 959 052.36	251 018.38	0.16
2036	171 136 777.42	155 256.03	0.09
2037	189 003 456.99	160 763.88	0.09
2038	208 735 417.89	166 983.48	0.08
2039	230 527 395.52	170 815.98	0.07
2040	254 594 455.62	172 984.08	0.07

在项目全生命周期内，平均支出责任约占财政一般公共预算支出的 0.36%，2020～2025 年由于回购投资人股权，占比较高，约占当年一般公共预算支出的 0.74%；经营期内，除 2029 年及 2035 年回购基金外，其余年份平均每年的支出责任逐年递减。

2. 行业和领域平衡性评估

本项目为 C 市为数不多的采取 PPP 的轨道交通项目，不存在同类项目过于集中的问题。项目采用 PPP 模式与采用政府传统采购模式相比，将增加公共供给、优化风险分配、提高效率、促进创新和公平竞争、有效落实政府采购政策。

3. 财政承受能力论证结论

在项目全生命周期内，财政支出责任占当年一般公共预算支出的比例都不超过 10%。同时本项目为 C 市首个采取 PPP 的轨道交通项目，不存在 PPP 项目过于集中的情况。因此财政承受能力通过论证，项目适宜采用 PPP 模式。

第7章 城市轨道交通PPP建设项目财务测算

7.1 财务测算的目的

在 PPP 项目大量涌现的情况下，国家发改委和建设部联合颁布了《建设项目经济评价方法与参数（第三版）》（以下简称《方法与参数》），该文件全面、系统地规定了进行常规投资项目经济评价的基本参数、基本方法、评价模型（财务报表）及评价指标，分析内容一般包括偿债能力、盈利能力和财务生存能力分析。对于城市轨道交通 PPP 项目财务评价仍沿用《方法与参数》中的三个方面，目的是防止项目由于人为安排不当造成的项目偿还债务资金能力不足的问题。

PPP 项目财务测算能否达到预期目标，为社会投资人筛选项目提供了关键依据，规范、准确的财务测算对社会投资人的重要性不言而喻。测算指标主要有：资本金内部收益率 FIRR（所得税后）、项目财务内部收益率 FIRR（所得税前）、投资方财务内部收益率 FIRR、投资方动态投资回收期 Pt 以及投资方财务净现值 FNPV 等，对于这些指标高低的定位是社会投资人内部投资决策的判断基础。

7.2　财务测算模型

PPP 项目的财务测算模型用来进行项目实施阶段的财务预测分析，以评价 PPP 投资项目的投入与产出情况。

财务测算模型由一系列的计算表构成，包括但不限于投资进度计划表、融资与还本付息计划表、项目收入测算表（客运收入、非客运收入及补贴收入）、运营成本费用计算表、折旧摊销表、现金流量表等，最终形成测算指标输出表。根据项目后续的工作需要，财务测算模型应同时满足适时修订假定条件、反向测试项目的原始经济效益指标、补贴前后的经济效益、不同资本结构和收益结构的财务效益指标。

7.3　财务测算基本流程

轨道交通 PPP 项目的财务测算基本流程是收入估算、成本估算以及财务报表估算。

7.3.1　收入估算

收入估算包括客流量预测、单位票价估算。其运营收入主要是指运营票款收入，是客流量与单位票价的乘积。其他业务主要考虑广告收入和车站商业租赁等收入，参考 C 市现有轨道交通运营情况。

7.3.2 成本估算

成本费用是指运营期内提供交通服务发生的全部费用。成本估算包括职工薪酬、动力费、维修及保养费用、营运费、其他费用（其他制造费用、其他管理费用和其他营业费用）、固定资产折旧及摊销费用、财务费、保险费、相关税金。

7.3.3 财务报表估算

财务报表估算包括利润及现金流预测。轨道交通 PPP 项目全生命周期均无法产生利润。由于运营期内还本付息已有资金来源，项目公司在不考虑还本付息、追加投入及大修费用的前提下，若客流量预测值能够完全实现，则项目公司可以实现每年的现金流平衡。

7.4 C 市轨道交通 X 线的 PPP 项目财务测算案例

7.4.1 财务测算的方法与指标

1. 财务测算模型

根据目前掌握的初步资料，我们建立了项目的财务测算模型（如图 7.1 所示），进行项目实施阶段的财务预测分析，以评价 PPP 投资项目的投入与产出情况。财务模型由一系列的计算表构成，包括但不限于投资进度计划表、融资与还本付息计划表、项目收入测算表（客运收入、非客运收入及补贴收入）、运营成本费用计算表、折旧摊销表、现金流量表等，最终形成测算指标输出表。根据项目后续的工作需要，模型应同时满足适时修订假定条件，以及反向测试项目的原始经济效益指标、补贴前后的经济效益、不同资本结构和收益结构的财务效益指标。

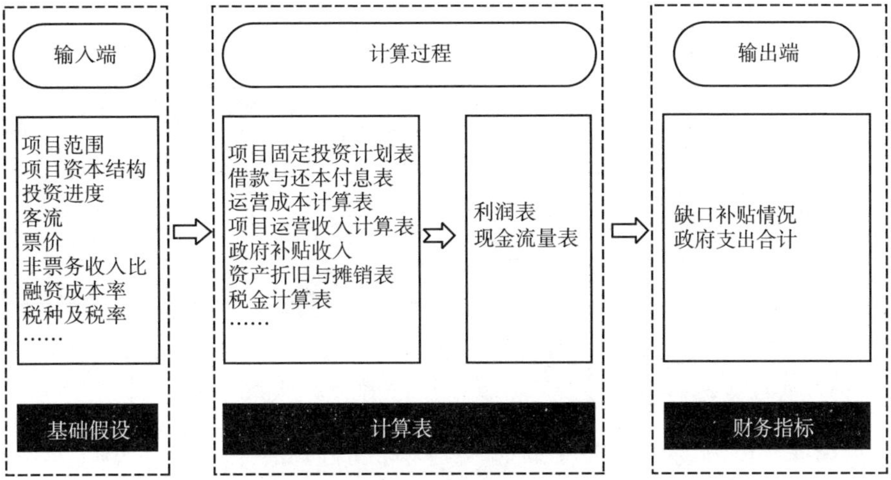

图 7.1　财务测算模型

2. 财务预测的基本假设条件

本次测算的基础假设条件主要包括项目总投资、计算期限、客流、票价、非客运收入、折旧摊销费用、运营成本、自有资金比例、贷款利率、还款期、相关税率和补贴构成等基本数据。

7.4.2　收入估算

1. 客流量预测

C 市轨道交通 X 线客流预测采用四阶段法，以常住人口（第六次人口普查口径）为核心，在居民出行采用公共交通方式的 OD 矩阵基础上，综合出行时间（包括步行时间、候车时间、乘车时间、换乘时间和票价当量时间）测算轨道交通线网各线路的客流量。

测算结果如表 7.1 所示，日均客流在 2023 年、2030 年和 2045 年分别为 71.52 万人、103.09 万人、168.15 万人。节点依据按照平均比例计算，2022 ~ 2029 年客流量年均增幅为 4%，2029 ~ 2044 年客流量年均增幅为 2.4%。

表 7.1　　客流量预测

指标	2023 年	2030 年	2045 年
全日客流量（万人/日）	71.52	103.09	168.15
单向最大高峰小时断面客流量（万人/时）	2.85	3.93	4.61
线路负荷（万人/千米）	1.57	2.26	2.87
全日平均运距（千米）	7.76	7.96	7.82

2. 单位票价估算

根据《C 市物价局关于轨道交通票价的通知》（C 价〔2011〕249 号），C 市轨道交通现行票价如表 7.2 所示。

表 7.2　　轨道交通票价标准

里程数（千米）	票价（元）
0 ~ 6 含	2
6 ~ 11 含	3
11 ~ 17 含	4
17 ~ 24 含	5
24 ~ 32 含	6
32 ~ 41 含	7
41 ~ 51 含	8
51 ~ 63 含	9
63 以上	10

本项目的运营收入主要是指运营票款收入，是客流量与单位票价的乘积。单位票价按照平均运距 7.76 千米计算，按照 C 市现有线路的收费标准，单位票价暂定为 3 元。

3. 其他业务收入估算

其他业务主要考虑广告收入和车站商业租赁等收入，参考 C 市现有轨道交通运营情况，本部分收入暂按运营收入的 10% 计算。

7.4.3　成本估算

总成本费用是指运营期内提供交通服务所发生的全部费用。

1. 职工薪酬

X 线项目共需职工数量约为 1 608 人。参照 C 市轨道公司职工薪酬标准和 C 市平均职工工资水平，至项目开通年，采用的职工薪酬按 7.23 万元/人·年计。考虑一定的增长因素，设置每年薪酬涨幅为 3%。

2. 动力费

动力费包含全线路的电、水费。参照 C 市现有轨道交通实际交纳的电费及水费进行估算，本项目的电费预估为 8 000 万元/年，水费预估为 150 万元/年，并设置 2% 的年均增长幅度。

3. 维修及保养费用

车辆修理费是指车辆日常修理和车辆大修理所需消耗的材料费用，其中车辆的日常修理主要包括车辆的列检、月检、定修等日常维护和修理，车辆大修主要包括车辆的架修、简化厂修和厂修等工作内容。具体计算公式为：

运营期第 n 年车辆修理费用 = 运营期初年车辆修理费单价 × 第 n 年年行车公里 + 车辆总投资 × 大修费率

运营期初车辆日常维护修理费单价为 2 元/车公里。车辆的大修费用按车辆购置费的 2% 计列。

其他修理费用是指除车辆以外的房屋建筑、轨道、设备系统等固定资产的日常维修费用及大修理费用。具体计算公式为：

其他修理费用 = 土建工程固定资产原值 × 土建工程修理费率 + 设备固定资产原值 × 设备修理费率

年维修费按工程费用提取，土建工程提取 1%，设备系统提取 2%。

4. 营运费

营运费用包括站务费、车务费、劳动保护费、技术组织措施费、低值易耗品摊销费、工人差旅费等开支。计算公式为：

运营期第 n 年的营运费用 = 运营期初营运费用单价 × 第 n 年行车公里

运营期初营运费用单价为 1.5 元。

5. 其他费用

其他费用包括其他制造费用、其他管理费用和其他营业费用。轨道交通行业发生的其他管理费用是指企业行政管理部门为管理和组织经营活动发生的各项费用，包括由企业统一负担的公司经费、董事会会费、咨询费及其他管理费等。

依照《市政公用设施建设项目经济评价方法与参数》城市轨道交通篇的有关规定，其他费用按照前述成本费用合计的 5% ~10% 计算。本项目按照 5% 计算。

6. 固定资产折旧及摊销费用估算

固定资产折旧采用年限平均法，根据资产的不同属性按不同的折旧年限进行分类折旧摊销。

根据《C 市城市轨道交通运营补贴暂行办法》，城市轨道交通企业应根据固定资产特性，进行分类管理，土建类固定资产暂不计提折旧。因此在本项目中的折旧暂不考虑车站、区间及轨道等土建类固定资产。

7. 财务费

财务费主要是各种融资的利息等支出。利率按照目前五年期贷款基准利率 4.9% 进行计算。本项目还本付息已有明确的资金来源，即通过土地对价实现，因此本次测算假设每年项目公司都按期收到这部分土地对价资金。

8. 保险费

运营期保险费主要考虑财产保险，财产保险分为四个部分：财产一切险，按照所有资产的 0.04% 计算；机器设备损坏险，按照所有设备价值的 0.06% 计算；公众责任险，按照每年 2 亿元投保，费率为 0.5%；雇主责任险，按每年 2 500 万元投保，费率为 0.2%。

9. 相关税金

本项目涉及的税金主要是增值税及附加税费和企业所得税。增值税和企业所得税只针对使用者付费部分收取，政府补贴收入相关的税金应当先征后返（或作为政府项目专项资金），因此在本测算中暂不做该部分税金估算。

增值税按照交通运输业 11% 的税率计算，考虑扣除进项税（主要为设备及动力费），经测算由于累计的进项税远大于销项税的额度，因此实际不需缴纳增值税。

企业所得税部分按照利润的 25% 计算。由于政府补贴部分不考虑企业所得税，通过票务及其他业务产生的收入计算，每年的利润额均为负数，因此在项目公司运营期间不产生企业所得税。

7.4.4　财务分析结果

1. 利润及现金流预测

经测算，项目全生命周期均无法产生利润。

但由于运营期内还本付息已有资金来源，项目公司在不考虑还本付息、追加投入及大修费用的前提下，若可行性研究报告中的客流量预测值能够完全实现，则项目公司可以实现每年的现金流平衡。

2. 政府支付责任

全生命周期内政府的支出包括政府对资本金部分的投入、追加投资（设备重置成本）、大修费用、运营缺口补贴、还本付息支出、支付社会投资人和基金的回购款。

第一，政府对资本金部分的投入为财政投资，共计 275 000 万元。追加投入及大修费用由财政以技改专项资金平衡，共计 429 628.35 万元。

第二，运营缺口自项目公司实际运营中产生，共计 630 171.88 万元盈余。根据实际运营情况，不足的年份由财政进行补贴，盈余时用于抵减财政拨付的还本付息支出，以减轻财政的压力。

第三，项目公司还本付息支出共计 3 581 209.60 万元，通过 DB 湖、DFH 水库片区土地对价实现。

第四，支付国家专项建设基金的回购及收益共计 292 000.00 万元，通过 DB 湖、DFH 水库片区土地对价实现。

第五，支付社会投资人的回购及收益共计 487 387.82 万元，通过投资人参与 CY 及 LJ 组团土地的意向摘牌，财政取得相关收益后进行专项支付。

全生命周期内，政府合计支出约 442 亿元，支出责任明细如表 7.3 所示。

表 7.3　　政府支出责任　　单位：万元

项目	2016 年	2017 年	2018 年	2019 年	2020 年	2021 年
1. 总投入	46 750.00	60 500.00	68 750.00	49 500.00	49 500.00	10 191.71
1.1 资本金支出	46 750.00	60 500.00	68 750.00	49 500.00	49 500.00	0
1.2 追加投资（重置成本）	0	0	0	0	0	0
1.3 大修费用	0	0	0	0	0	10 191.71
2. 运营缺口补贴	0	0	0	0	0	-18 779.99
3. 还本付息支出	0	0	0	0	0	234 096.89

续表

项目	2016 年	2017 年	2018 年	2019 年	2020 年	2021 年
4. 支付投资人回购及收益	0	0	0	0	0	77 103.51
5. 支付基金回购及收益	0	0	0	0	0	3 750.00
合计	46 750.00	60 500.00	68 750.00	49 500.00	49 500.00	306 362.12

项目	2022 年	2023 年	2024 年	2025 年	2026 年	2027 年
1. 总投入	10 191.71	10 191.71	10 191.71	10 191.71	10 191.71	10 191.71
1.1 资本金支出	0	0	0	0	0	0
1.2 追加投资（重置成本）	0	0	0	0	0	0
1.3 大修费用	10 191.71	10 191.71	10 191.71	10 191.71	10 191.71	10 191.71
2. 运营缺口补贴	-15 625.75	-17 555.18	-19 571.89	-21 679.62	-23 882.31	-26 184.02
3. 还本付息支出	228 303.59	222 510.28	216 716.97	210 923.67	205 130.36	199 337.05
4. 支付投资人回购及收益	77 011.09	78 582.12	81 631.76	86 529.67	86 529.67	0
5. 支付基金回购及收益	3 750.00	53 750.00	3 000.00	3 000.00	3 000.00	3 000.00
合计	303 630.64	347 478.93	291 968.55	288 965.43	280 969.43	186 344.74

项目	2028 年	2029 年	2030 年	2031 年	2032 年	2033 年
1. 总投入	10 191.71	10 191.71	20 537.78	10 191.71	10 191.71	10 191.71
1.1 资本金支出	0	0	0	0	0	0
1.2 追加投资（重置成本）	0	0	10 346.07	0	0	0
1.3 大修费用	10 191.71	10 191.71	10 191.71	10 191.71	10 191.71	10 191.71
2. 运营缺口补贴	-28 589.01	-31 101.71	-32 273.38	-33 469.16	-34 689.50	-35 934.87
3. 还本付息支出	193 543.75	187 750.44	181 957.13	176 163.83	170 370.52	164 577.21
4. 支付投资人回购及收益	0	0	0	0	0	0
5. 支付基金回购及收益	3 000.00	103 000.00	1 500.00	1 500.00	1 500.00	1 500.00
合计	178 146.45	269 840.44	161 375.46	154 386.38	147 372.73	140 334.05

续表

项目	2034 年	2035 年	2036 年	2037 年
1. 总投入	10 191.71	157 972.57	10 191.71	10 191.71
1.1 资本金支出	0	0	0	0
1.2 追加投资（重置成本）	0	147 780.86	0	0
1.3 大修费用	10 191.71	10 191.71	10 191.71	10 191.71
2. 运营缺口补贴	-37 205.72	-38 502.54	-39 825.79	-41 175.95
3. 还本付息支出	158 783.91	152 990.60	147 197.293	141 403.9863
4. 支付投资人回购及收益	0	0	0	0
5. 支付基金回购及收益	1 500.00	101 500.00	3 750.00	0
合计	133 269.90	226 179.77	121 313.21	110 419.75
项目	2038 年	2039 年	2040 年	合计
1. 总投入	10 191.71	10 191.71	67 667.18	694 436.60
1.1 资本金支出	0	0	0	275 000.00
1.2 追加投资（重置成本）	0	0	57 475.47	215 602.40
1.3 大修费用	10 191.71	10 191.71	10 191.71	203 834.20
2. 运营缺口补贴	-42 553.53	-43 959.03	-47 612.93	-630 171.88
3. 还本付息支出	135 610.679 6	129 817.372 8	124 024.0661	3 581 209.60
4. 支付投资人回购及收益	0	0	0	487 387.82
5. 支付基金回购及收益	0	0	0	292 000.00
合计	103 248.86	96 050.05	211 745.50	4 424 862.14

第8章 城市轨道交通PPP建设项目招标代理

8.1 招标代理业务概述

招标人具有编制招标文件和组织评标能力的，可以自行办理招标事宜；不具备招标、评标能力的，有权自行选择招标代理机构，委托其办理招标事宜。招标代理是指对工程勘查、设计、施工、监理以及工程建设有关的重要设备、材料采购招标的代理。

招标代理机构进行代理活动，须具备以下两个前提：

第一，代理机构要有合法的代理资格。这是对主体资格的要求，代理机构作为具有民事主体资格的社会组织，其产生和存在必须经过法定程序。如果是法人，则必须具备法人应当具备的条件和成立必须经过的程序。合法的主体资格一般以工商行政管理部门的核准登记为标准。这一前提还要求代理机构从事有关的代理活动，须经过相应的行政主管部门审查和认定。行政主管部门可以对代理机构的条件、代理范围、代理等级等作出明确的规定。代理机构的代理行为必须符合行政主管部门认定的范围。从事工程招标代理业务的，必须依法取得国务院建设行政主管部门或者省、自治区、直辖市人民政府建设行政主管部门认定的工程招标代理机构资格。

第二，代理机构必须有被代理人的授权。被代理人的授权，是代理机构进行代理行为的前提，也是代理行为的依据。如果没有被代理人的授权，或者被代理人的授权期限已经终止，则进行的“代理行为”无效，其法律后果应当由行为人承担。代理机构的代理行为必须在被代理人的授权范围内进行，如果代理机构超越被代理人的授权进行“代理行为”，则该行为的法律后果也由行为人承担。这种授权应当通过招标代理机构与招标人订立委托代理合同予以明确。委托代理合同应当具有招标人与招标代理机构的名称、代理事项、代理权限、代理期限、酬金、地点、方式、违约责任、争议解决方式等内容。

8.2 资格预审

招标人采用资格预审办法对潜在投标人进行资格审查的，应当发布资格预审公告、编制资格预审文件。

依法必须进行招标的项目的资格预审公告和招标公告，应当在国务院发展改革部门依法指定的媒介发布。在不同媒介发布的同一招标项目的资格预审公告或者招标公告的内容应当一致。指定媒介发布依法必须进行招标的项目的境内资格预审公告、招标公告，不得收取费用。

招标人应当按照资格预审公告、招标公告或者投标邀请书规定的时间、地点发售资格预审文件或者招标文件。资格预审文件或者招标文件的发售期不得少于 5 日。

资格预审应当按照资格预审文件载明的标准和方法进行。国有资金占控股或者主导地位的依法必须进行招标的项目，招标人应当组建资格审查委员会审查资格预审申请文件。资格审查委员会及其成员应当遵守《中华人民共和国招标投标法》和《中华人民共和国招标投标法实施条例》有关评标委员会及其成员的规定。

资格预审结束后，招标人应当及时向资格预审申请人发出资格预审结果通知书。未通过资格预审的申请人不具有投标资格。通过资格预审的申请人少于3个的，应当重新招标。

8.3　综合评审

评标应由招标人依法组建的评标委员会负责，即由招标人按照法律的规定，挑选符合条件的人员组成评标委员会，负责对各投标文件的评审工作。评标原则是招标投标活动中相关各方应遵守的基本规则，主要包括：第一，公平、公正、科学、择优；第二，严格保密；第三，独立评审；第四，严格遵守评标方法。

评标标准包括价格标准和价格标准以外的其他有关标准（又称“非价格标准”），以及如何运用这些标准来确定中选的投标。非价格标准应尽可能客观和定量化，并按货币额表示，或规定相对的权重（即得分）。

在货物评标时，价格标准主要有运费和保险费、付款计划、交货期、运营成本、货物的有效性和配套、零配件和服务的供给能力、相关的培训、安全性和环境效益等。在服务评标时，非价格标准主要有投标人及参与提供服务的人员的资格、经验、信誉、可靠性、专业和管理能力等。在工程评标时，非价格标准主要有工期、质量、施工人员和管理人员的素质、以往的经验等。

评标方法是运用评标标准评审、比较投标的具体方法。一般有以下三种方法：

一是最低评标的价法。评标委员会根据评标标准确定的每一投标不同方面的货币数额，然后将那些数额与投标价格放在一起来比较。经估值后价格（即评标价）最低的投标可作为中选投标。

二是打分法。评标委员会根据评标标准确定的每一投标不同方面的相对权重（即得分），得分最高的投标即为最佳的投标，可作为中选投标。

三是合理最低投标价法。即能够满足招标文件的各项要求，投标价格最低的投标即可作为中选投标。

在这三种评标方法中，前两种可统称为“综合评标法”。

8.4 C 市轨道交通 X 线的 PPP 项目招标代理案例

8.4.1 PPP 项目满足招标条件

本招标项目 C 市轨道交通 X 线工程 PPP 项目已由 C 市发展和改革委员会以《C 市发展和改革委员会关于轨道交通 X 线项目的 PPP 投融资方案的批复》批准建设，拟采用 PPP 模式，引进有实力的社会投资人对 C 市轨道交通 X 线工程进行投融资、建设、运营等方面的合作。

项目的招标人和业主为 C 市交通开投集团，建设资金来自项目资本金和项目融资，资金构成为项目资本金 27.37%；项目融资 72.64%。项目已具备招标条件。

8.4.2 PPP 项目概况

本项目建设地点 C 市（西起 SPB 区，北至 YB 区），项目建设总投资约为人民币 325 亿元，全长约 57.289 公里，其中地下线 29.91 公里，高架线 27.379 公里。共设 34 座车站，其中地下站 22 座，高架站 12 座。设置 TS 工业园车辆段一座，面积约 20.86 公顷。设 XQ 停车场一座。全线不新建主变电所，利用原有线路工程主变电所为本工程提供电源。控制中心（与其他线路共用）设于 DZL 车辆段。总工期 60 个月，由中标人与招标人共同组建项目公司实施本项目的投资、建设、运营、维护和移交工作。

8.4.3　招标范围

1. 第一部分

通过招标方式，选定中标的社会投资人和招标人共同组建项目公司，项目公司负责本项目工程的投融资、建设、运营与维护和移交等全部工作内容，具体如下：

（1）投资与融资：

①实施本项目的投融资。

②其他相关的工作。

（2）本项目工程建设：

①统一管理本项目已开展的前期工作，前期工作包括但不限于已开展的勘察设计、建设项目前期工作咨询、工程建设招标投标等。

②本项目工程施工范围包括 C 市轨道交通 X 线工程总承包等全部施工工作内容。

③组织完成全线设备系统采购、调试、联调，组织通过验收、试运行并配合通过试运营基本条件评审。

④本项目的建设管理以及与相关政府部门、相关单位的协调。

（3）本项目运营及维护：在确定的特许经营权年限内进行运营及维护管理。

（4）本项目移交：

①运营期结束或项目合同终止后，进行项目设施及相关权益的无偿移交。

②进行移交前的检测评估与修复，符合取得该项目权益时核定的技术等级和标准。

2. 第二部分

选定中标的社会投资人负责的事项包括但不限于：

（1）在土地具备出让条件后，社会投资人须以不低于在本项目招标时中标的意向摘牌报价为基础参与土地招拍挂。

（2）完成前述项目公司负责的“本项目工程建设”的全部工作（按照《中华人民共和国招标投标法实施条例》相关规定，中标社会投资人自身具有本项目建设所需的工程施工、货物生产提供资格和能力的，不再进行招标，由其直接承担相应工作）。接收本项目已开展的勘察设计工作，接收后，继受相关委托单位前期工作的权利和义务。

（3）组建项目公司并按规定注入资本金，承担本项目融资部分的全部资金引入。

（4）合作期限内，社会投资人不直接参与项目公司自商业运营日起的营运。

8.4.4 计划期限

1. 施工工期

C 市轨道交通 X 线工程，建设期计划为 60 个月，计划于 2016 年 1 月开工建设，2020 年 12 月通车试运营（具体以总监理工程师发布的开工令作为开工的起始日期。）

2. 合作期限

招标人与中标人的合作期限为 10 年，分 4 年建设期和 6 年退出期。招标人（或 C 市政府指定的第三方）在退出期内逐年等比例回购中标人在项目公司的股权，直至中标人股权回购完毕、完全退出项目公司。招标人（或 C 市政府指定的第三方）享有提前回购的权利。如项目建设提前完工或延迟，则退出期的起始时间相应调整。

3. 特许经营期限

项目公司特许经营期限为 25 年，含建设期 5 年。

8.4.5　投标人资格条件

（1）本次招标接受联合体投标。

①联合体成员不得超过 4 家，须提供有效的联合体协议且协议中应明确联合体牵头方、各方在本标段中所承担的工作量及投资比例、对外承担连带责任等。

②联合体各方须为独立法人资格、自主经营、独立核算的公司。

③联合体成员应签订联合体协议书，明确联合体中各方的权利义务。

④联合体成员在本次招标项目中不得再以自己名义单独投标或者参加其他联合体投标，其各成员组成、股权比例、职责分工等主要条款未经招标人同意不得擅自改变。

（2）投标人应当具备本项目的（资本金）投资和工程建设所需的人员、设备、资金、能力和信誉，并应满足下述资格条件；如果投标人不能满足其中任意一项，将视为不响应招标文件的实质性要求而予以拒绝：

①营业执照：投标人应当具备有效的营业执照，境外企业应取得公司注册证书或其他公司主体资格证明文件。

②企业资质：投标人应当具备有效的市政公用工程总承包一级及以上资质，或具备房屋建筑、公路、铁路、港口与航道、水利水电等专业中任意 1 项施工总承包特级资质和其中 2 项施工总承包一级资质。

③安全生产：投标人应当具备有效的安全生产许可证。

④类似项目业绩：投标人应当具有 1 项（含）以上不少于 100 亿元的基础设施投融资业绩，1 项（含）以上不少于 100 亿元的城市地铁项目建设业绩。

⑤财务状况：投标人具有良好的财务状况、较强的融资能力，能够保障本项目的建设资金需求。2014 年底净资产不低于 300 亿元；并提供银行授信或自有资金总额不少于 100 亿元的证明；未处于被责令停业或者财产被接管、冻结和破产状态，并能提供经审计的 2012 ~ 2014 年财务报告

及其报表。

⑥项目人员要求：具有满足项目所需的各类管理人员。

⑦企业信誉：投标人没有因骗取中标或者严重违约以及发生重大工程质量、安全生产事故等问题，被有关部门暂停投标资格并在暂停期内的。

⑧无行贿犯罪记录：投标人能够提供投标截止日前 20 个工作日内企业所在地或本工程实施所在地检察机关出具的无行贿犯罪档案告知函。

⑨禁止情形：与招标人存在利害关系可能影响招标公正性的法人、其他组织或者个人，不得参加投标；单位负责人为同一人或者存在控股、管理关系的不同单位，不得参加同一招标项目投标（可作为一个联合体内的不同成员）。

注：投标人可以单一主体或联合体形式投标，如投标人以联合体形式投标的，以上条件②、③、④、⑤、⑥项，联合体任一成员满足即可，①、⑦、⑧、⑨项须联合体成员全体满足。

8.4.6 招标文件的获取

（1）请 2015 年 3 月 16 日至 2015 年 3 月 20 日，每日上午 09 时至 12 时，下午 14 时至 17 时（北京时间，下同），在 C 市西恒工程咨询有限公司持投标邀请书购买招标文件。

（2）招标文件每套售价 500 元，售后不退。技术资料押金 3 000 元，在退还技术资料时退还（不计利息）。

8.4.7 投标文件的递交

（1）投标截止和开标时间：2015 年 4 月 20 日 10 时 00 分。

（2）递交投标文件地点：C 市工程建设招标投标交易中心接标处，具体接标处编号以开标当日 C 市工程建设招标投标交易中心大厅电子显示屏公布的为准。

(3) 逾期送达或者不按招标文件要求密封的投标文件，招标人将拒收。

8.4.8 评标办法

本招标项目的评标办法采用综合评估法，评标方法和标准详见招标文件。

第9章 城市轨道交通PPP建设项目特许经营

9.1 特许经营概述

特许经营权是指政府为了提供基础设施、社会福利及相关服务与非公有实体之间所做的一种安排，它是非公有实体在特许权合约的基础上参与经营的一种模式。其初始理论由英国人查德维克（Chadwick，1859）提出，后由德姆塞茨（Demsetz，1968）将其作为对自然垄断的管理方法，进行了理论上的升华和更新。对自然垄断的传统管理方法是对价格进行管制；而德姆塞茨则建议采取特许权经营的方法，其内涵是用获得市场所进行的竞争来代替市场内的竞争，可较好地处理规模经济和竞争的关系。企业为获取一项业务在一定期限内的垄断经营权而参与竞标，其中要价（成本补贴）最低、报价（实现收入）最高者（假设无质量差异）被授予特许经营权。

轨道交通运营特许经营，是指政府按照有关法律、法规，通过市场竞争机制选择城市轨道交通运营经营者，明确其在一定期限和范围内从事城市轨道交通运营并提供服务的制度。

政府可以收取轨道交通特许经营权使用费，法律、法规另有规定的除外。特许经营权使用费应当专项用于城市轨道交通建设和运营，不得挪作他用，并依法接受审计监督。社会公众享有对轨道交通特许经营的知情权和监督权，对侵害公众合法权益的行为有权进行投诉、举报。

特许经营权的授予程序为：

第一，由轨道交通运营主管部门会同政府相关部门拟订城市轨道交通特许经营实施方案，并组织有关专家审查和论证后，报市政府批准。

第二，轨道交通运营主管部门按照有关法律、法规的规定，通过招标或者竞争性谈判等公平竞争的方式确定特许经营者。

第三，轨道交通运营主管部门应当将选择特许经营者的结果向社会公示 20 日，接受社会监督。

第四，公示期满无异议，由轨道交通运营主管部门报政府批准后，与获得特许经营权的经营者签订特许经营协议；需要成立项目公司的，特许经营者应当在规定的期限内注册成立项目公司，轨道交通运营主管部门应当与项目公司签订特许经营协议，明确双方的权利和义务。

9.2　合同体系

9.2.1　轨道交通特许经营项目实施方案

轨道交通特许经营项目实施方案应当包括下列内容：

（1）名称、基本经济技术指标及轨道交通服务质量标准。

（2）特许经营的方式、主要内容、范围及期限。

（3）部门间协同保障机制及谈判组织形式、人员构成、咨询方式。

（4）经营者应当具备的条件及选择方式。

（5）特许经营权使用费及其减免。

（6）投资回报和价格的测算。

（7）优惠政策及财政补贴。

（8）政府的监督管理措施。

（9）其他应当明确的事项。

9.2.2 特许经营协议

特许经营协议应当包括下列内容：

（1）特许经营内容、区域、范围及有效期限。

（2）经营方式。

（3）设施的权属与处置及维护。

（4）安全管理。

（5）特许经营权的终止和变更。

（6）违约责任和争议的解决方式。

（7）双方认为应当约定的其他事项。

特许经营协议中不得承诺商业风险分担、固定投资回报率及法律、法规禁止的其他事项。特许经营期限最长不得超过 30 年。特许经营期限届满，应当按有关规定无偿移交或重新选择特许经营者。

9.3 C 市轨道交通 X 线的 PPP 项目特许经营案例

9.3.1 特许经营权的内容

（1）甲方依照 C 市政府的授权，授予乙方在特许经营期内进行投融资、建设、运营、维护和移交 C 市轨道交通 X 线工程项目设施的权利，由乙方按照谨慎运营惯例运营维护 C 市轨道交通 X 线工程，为 C

市市民提供轨道交通服务，按照政府部门核定的票价取得票款收入、广告收入、车站商业租赁收入以及政府补贴等收入，在特许经营期期满时将项目设施无偿完好地移交给 C 市政府或 C 市政府的指定方。

（2）除本合同另有规定外，乙方的特许经营权在整个特许经营期内始终保持有效。

（3）乙方应在特许经营期内自行承担投资费用、责任和风险，负责项目设施的建设、运营、维护和更新改造，并按照确定的规划条件负责融资、设计和建设甲方要求的项目设施。

9.3.2　特许经营权的范围

（1）本合同项下的特许经营权的范围包括本项目约定的 C 市轨道交通 X 线工程部分对应的轨道交通的投融资、建设、运营、维护及移交等。

（2）本合同生效后因国家政策调整或出台新的相关规定以及 C 市轨道交通 X 线工程的扩大，导致需要特许经营的范围扩大的，由甲方另行授权。

（3）因国家政策调整或其他重要原因而必须缩小特许经营范围的，乙方应当遵循政府的指令，乙方因此而造成损失的，甲方应予以合理的补偿。

（4）本合同项下的特许经营权的区域指本项目工程可行性研究报告确定的红线范围内的区域。在特许经营期限内，如需要调整特许经营区域的，调整后新增区域的特许经营权由甲方另行授权。

9.3.3　特许经营权的期限

（1）除非依据本合同的相关条款而终止，本合同项下的特许经营期为 25 年，包括：

①项目建设期 5 年，自项目开工之日起算。

②项目运营期20年，自项目完成竣工验收，并经过试运营基本条件评审、项目进入试运营后次日起算。如项目建设提前完工或延迟，则运营期相应调整，但特许经营期25年为不变期限。

（2）特许经营期延长应经甲乙双方书面同意。乙方在下述事件发生且造成乙方特许经营期累计中断或缩短超过30日的情形下，可申请延长项目特许经营期，甲方应在收到申请后20个工作日内核实并作出确认与否的意见，逾期未提出意见视为同意延长乙方的特许经营期：

①甲方在本合同项下违约，造成项目运营中断的。

②法律法规、国家政策变化或政府的公益性指令造成本项目的运营中断，实际运营期限比原有约定期限缩短的。

③不可抗力导致项目停滞和延误。

④其他双方一致同意的情形。

（3）特许经营权的限制。

①出于为本项目融资的目的，在征得甲方书面同意后，乙方有权将特许经营权或依特许经营权而享有的收益权及轨道交通X线工程的项目设施、项目资产作为本项目的融资质押或抵押等担保，乙方融资所获得的资金必须全部用于轨道交通X线工程项目。乙方设置该担保权益不应损害甲方的权利或利益，上述质押或抵押的期限最长不得超过特许经营期届满前1年。

②除了为本项目融资的目的外，乙方不得为其他目的对项目特许经营权、轨道交通X线工程项目设施、项目资产以及收益权进行转让、出租、抵押、质押或设置任何担保权益。

9.3.4 项目设施的权属和处分

（1）乙方原则上应当自行购置、建设本合同项下的项目设施。

（2）在甲方同意，且不违反法律、法规和行政规章规定的情况下，乙方可采取其他合法方式（如租赁、借用、租用和融资租赁等方式）使用第三方的辅助设施来享有本合同项下的权利，履行本合同项下的义务。

（3）本合同项下的特许经营权的期限届满后，乙方应将不存在任何权利限制的项目设施无偿移交给C市政府或C市政府的指定方。

（4）如本合同提前终止、甲方按照有关法律规定或本合同的约定提前收回特许经营权的，乙方应将全部项目设施交给C市政府或C市政府的指定方，甲方应给予乙方补偿。

9.3.5　甲乙双方的权利和义务

1. 甲方的权利和义务

（1）甲方的承诺：

①除本合同另有规定外，甲方已获得了签署并履行本合同的授权，并具有完全法律权利、能力、权力以及需要的批准以达成、签署和递交本合同，完全履行其在本合同项下的义务。

②在特许经营期内，甲方将在符合法律法规的条件下协调乙方与相关政府部门的关系。

③不存在任何与本项目有关的由甲方作为签署一方，并可能对特许经营权转让，对项目或乙方产生重大不利影响的合同、任何未决或即将进行的诉讼、仲裁等程序。

④甲方同意按照本合同授予乙方本项目的特许经营权并确保乙方获得的特许经营权在整个特许经营期内始终持续有效，除非法律、法规、行政规章另有规定或本合同另有约定，甲方不得将本合同项下的特许经营权在特许经营期内和行使区域内再授予除乙方外的第三方。

⑤甲方就本条款项下的各项承诺、声明和保证不属实或存在错误，对乙方依本合同享有权利或甲方依本合同履行义务造成实质性影响时，乙方有权提前终止本合同。

（2）甲方的权利：

①根据政府相关部门及 C 市政府制定的关于轨道交通建设的法律规定，制定和根据需要或法律变更情况修正本项目的建设标准（包括设计、施工和验收标准），并要求乙方以此等建设标准执行。

②对本项目工程的建设进度、质量进行监督和检查，如发现任何问题，有权要求乙方立即进行纠正。

③监督和参与本项目的通车试运行、竣工验收和试运营基本条件评审等工作，审批竣工验收报告。

④甲方在事先书面通知乙方的情况下，有权将本合同项下的全部或部分权利委托其他政府部门代为履行。

⑤审核乙方根据适用法律和谨慎运营惯例编制或修订本项目的运营维护手册等运营文件，并对乙方的执行情况进行监督和检查。

⑥根据适用法律及行业主管部门制定和颁布本项目轨道交通的运营票价，监督乙方的执行。

⑦在发生本合同约定的紧急事件时，临时接管本项目的项目设施和项目资产。

⑧特许经营期满后，有权要求乙方将本项目设施和项目资产移交给 C 市政府或 C 市政府的指定方。

（3）甲方的义务：

①为乙方进行本项目的投融资、建设、运营、维护等提供支持条件。

②甲方协调有关部门，为乙方获得项目建设用地的土地使用权提供便利。

③甲方同意协助乙方争取适用于乙方或项目的税收优惠政策。

④为乙方履行特许经营义务提供保障，保证乙方的特许经营权不受其他第三方的侵犯，在接到乙方的报告后，及时调查、查处侵犯特许经营权的行为。

⑤在特许经营期内，协助乙方办理有关政府部门要求的各种与本项目有关的批准。

2. 乙方的权利和义务

（1）乙方的承诺：

①乙方是由中标人、政府出资人代表根据规定在 C 市注册成立的项目公司，具有签署和履行本合同的资格和能力，乙方设立的目的和经营范围为从事本项目的特许经营业务，并履行其在本合同项下所有义务。未经甲方同意，乙方不得从事其他业务，不得变更公司名称，不得将公司注册地址迁出 C 市。

②在任何法院、行政机关或仲裁机构和金融机构均不存在针对或影响乙方的，可能对其履行和完成其在本合同项下义务的能力产生不利影响的未决诉讼、仲裁等程序。

③乙方保证其向甲方提供的信息是真实、准确和完整的，乙方具备相应的财务能力、营运能力、人力资源、技术支持和经验运营项目设施并履行其在本合同下的每一项义务。

④乙方应保证有能力以注册资本、项目融资或其他方式获得的资金履行《PPP 项目合同》，并保证用于履行本合同项下义务的资金来源均为合法，乙方对该等资金具有完全的控制权和支配权。

⑤在签署本合同之前，乙方已根据自身的利益对本项目进行了必要地调查及检查，充分知悉项目的现状和风险。

⑥在签署本合同时，乙方只是参考但并未依赖由甲方或其他政府机关提供的任何材料、信息或数据。

⑦乙方就本条款项下的各项承诺、声明和保证不属实或存在错误，对甲方依本合同享有权利或乙方依本合同履行义务造成实质性影响时，甲方有权终止本合同。

（2）乙方的权利：

①在特许经营期内依据本合同享有特许经营权，并合法拥有投融资、建设、运营、维护及移交本项目的一切权益。

②有权将本项目建设的工程施工以总承包的形式委托中标人实施。

③针对运营部分的资金缺口，有权要求甲方协调相关政府部门提供补贴、专项资金等支持（最终以政府方确定的补偿机制为准），并且在运营票价不能适应社会发展及经济形势的情况下，根据相关法律的规定进行调整。

（3）乙方的义务：

①在整个特许经营期限内应以各种方式确保轨道交通 X 线工程项目能够良好的建设运营，并保持相应的批文和资质的有效性。

②根据《PPP 项目合同》的规定，乙方应在特许经营期内自行承担费用、责任和风险，负责进行项目的投融资、建设、运营与维护，乙方应始终谨慎运营和维护所有的项目设施，使其处于良好的运营状态。

③乙方应始终遵守所有适用法律法规，应经常及时获取所有适用于项目的已颁布及公开发表的法律法规，乙方应被视为始终了解这些法律法规。

④乙方应按照适用法律法规及相关政策缴纳有关税费，如有关税收的适用法律发生变化，乙方应按照变更后的适用法律缴纳各项税费。

⑤在特许经营期内，乙方对甲方、公共监督机构或政府部门参观、考察项目设施应给予尽可能的便利与配合。

⑥未经甲方批准，乙方不得擅自停业、歇业。

⑦按照国家安全生产法规和行业安全生产标准规范，建立和完善各项安全管理制度，加强员工的安全培训，提高安全作业意识，做好各项危险防范工作，确保项目设施的安全运行。

⑧接受甲方对本合同项下的特许经营的服务质量的监督检查，确保所提供的特许经营服务符合法律、法规、行政规章规定的质量标准。

9.3.6 补偿和赔偿

（1）乙方承担甲方因政府公共利益的需要或其他行政行为造成的经济损失的，甲方应当给予相应的补偿。

（2）甲方和乙方若有违反相关法律规定和本合同约定的行为，并因此造成对方损失的，应依法承担赔偿责任。

9.3.7　中期评估

1. 评估周期

中期评估为每 5 年一次，从本项目进入试运营之日起算。如甲方认为确有必要，可调整前述评估周期，启动评估程序。

2. 评估小组

中期评估由甲方发起，由 C 市政府相关职能部门及有关专家组成评估小组对乙方的运营维护进行评估。

3. 评估内容

评估内容包括：

（1）确认本合同是否实现了其目标。

（2）评估乙方在特许经营期内的运营维护状况。

（3）与特许经营权有关的其他需评估事项。

4. 评估报告

评估小组在评估结束后 15 日内向甲方及政府相关职能部门提交评估报告，内容包括：评估结果、修改、调整特许经营合同的建议。

5. 评估结果的处理

政府相关职能部门有权决定是否采纳评估小组所提出的建议。如评估小组提出的本合同修改建议被采纳，则甲乙双方应在 C 市相关职能部门的主导下对本合同进行修改，修改的合同条款在随后的特许经营期内对双方都具有约束力；如评估小组所提出的建议未被 C 市相关职能部门采纳，则该建议无法律效力。

9.3.8 临时接管

（1）乙方出现下列行为之一、严重影响项目运营的，经 C 市政府批准，甲方可对本项目实施临时接管：

①因乙方或作为乙方工程总承包方的中标人过错，导致本项目的建设失败的。

②乙方未能按照本合同的规定运营或维护项目，且乙方在收到甲方通知后 30 个工作日或甲乙双方另行商定的合理期限内未能就上述情况进行补救的。

③乙方擅自转让、出租特许经营权，或擅自将项目设施或项目资产变卖或为其他企业进行抵押担保的。

④乙方擅自停业、歇业的。

⑤乙方因经营管理不善，造成重大安全责任事故，严重影响公众利益的。

⑥乙方有法律、法规、规章禁止的其他行为，或出现其他情况，严重影响社会公共利益和安全的。

（2）甲方实施临时接管的，有权组织临时接管机构或委派管理人员或指定单位进驻乙方办公场所进行接管，并监管乙方的资金账户。甲方应确保尽量减少临时接管工作对项目运营的干扰，并遵守谨慎运营惯例。

（3）临时接管期间，乙方必须服从甲方对其工作人员、设施、物资的调配，保障轨道交通服务的正常提供。

（4）导致临时接管的情形消失后，甲方应当停止临时接管。

（5）甲方实施临时接管的，临时接管期间所产生的费用由乙方承担。

（6）如乙方不能配合甲方临时接管或在临时接管过程中设置障碍或

拒绝支付相关费用，则视为乙方违约，甲方有权解除本合同。

9.3.9　乙方收益的取得及收费标准

（1）本项目进入运营期后，乙方可按照政府部门核定的票价取得票款收入、广告收入、车站商业租赁收入以及政府支付的本项目运营资金缺口、设备更新费用及大修费用等收入。轨道运营按影子票价和财政购买服务条件独立核算。

（2）乙方应建立动态的票价管理机制，根据相关法律法规和社会经济发展状况，本着同网同价的原则，制定并适时调整运营票价，实施同等条件运营考核机制及享受政府购买服务。乙方向甲方提出调整票价的，应根据适用法律的规定提交相关文件，甲方在收到调价申请后 2 个月内向政府相关部门汇报，并按照相关适用法律的规定办理。

（3）广告收费及商业租赁收费由乙方根据市场行情自主定价。

9.3.10　特许经营权的转委托

（1）经甲方书面批准，乙方可以将特许经营权的部分或全部权利转委托第三方运营维护承包商（须具有 10 年以上城市跨江线路轨道交通运营经验）负责本项目的运营维护。

（2）乙方应当对转委托第三方运营维护承包商进行资质审查，确保其具备履行特许经营的实力和能力，并仅可在特许经营期内和特许行政区域内，将本特许经营权转委托第三方运营维护承包商。

（3）取得特许经营权转委托第三方运营维护承包商必须遵守本合同项下乙方的义务和责任。

9.3.11 本合同的变更与终止

（1）在国家法律法规、宏观经济政策发生重大变化和调整；或根据中期评估的结果以及在本项目进入运营期后乙方计划引入新股东进行项目运营维护的，则甲方有权改变特许经营方式。甲乙双方应就此达成新的合同或就本合同的修订和补充达成一致，如导致乙方特许经营权终止的，应按本合同予以补偿。

（2）本项目特许经营权期限届满，本合同自动终止。乙方有意继续经营项目的，甲方承诺在同等条件下，乙方享有优先权。

（3）甲乙双方经协商一致，可以提前终止本合同。

（4）发生以下情形之一的，本合同提前终止：

①乙方签署的《PPP 项目合同》提前终止。

②法律变更或政府行为导致本项目终止。

③甲方严重违反本合同的约定，致使乙方在本合同项下之目的无法实现的，乙方有权提前终止本合同。

④乙方违约导致《PPP 项目合同》提前终止的，甲方有权提前终止本合同。

⑤乙方在本合同中所作的声明与保证被证明在提供时有重大错误或不属实，使乙方履行本合同项下义务的能力或实现本项目商业目的之预期受到根本性不利影响的，甲方有权提前终止本合同。

⑥乙方其他严重违反本合同约定，并可能危及本项目正常运营的，甲方有权提前终止本合同。

⑦乙方擅自将特许经营权的部分或全部权利转委托第三方运营维护承包商负责本项目运营维护的，甲方有权提前终止本合同。

⑧出现本合同规定的情形，且乙方不能在临时接管情形消失后的合理时间内采取适当的措施恢复本项目的正常建设、运营维护，甲方有权提前终止本合同。

9.3.12　适用法律与争议解决

（1）本合同的解释、履行、变更和终止等事项，均适用中华人民共和国法律。

（2）本合同在履行过程中发生的民事争议，由双方当事人协商解决，协商不成的，可提交 C 市仲裁委员会仲裁。

第10章 城市轨道交通PPP建设项目融资

10.1 融资概述

根据财政部《政府和社会资本合作模式操作指南（试行）》（财金2014〔113〕号）的解释，PPP项目可以采取多种项目运作模式，例如BOT、委托运营（O&M）、BOO、TOT、改建—运营—移交（ROT）、MC等。

城市轨道交通建设采用PPP模式，通常需由项目发起人和投资方设立一家项目公司，即特殊目的实体（SPV），由该项目公司进行具体的项目实施。项目公司是PPP项目的融资主体。除政府部门外，PPP项目的参与方还包括银行类金融机构等资金提供方、项目建设承包人、项目建成后的运营管理人等。根据财政部《PPP项目合同指南（试行）》，PPP项目公司依法自主设立并自负盈亏，具有独立的法人资格。PPP项目公司可由政府部门和社会资本共同出资设立，即PPP项目的各参与方既可通过向项目公司提供服务等形式参与项目，也可直接通过权益投资获得项目公司的股权，依赖项目公司的利润分红获取收益。PPP模式下政府和社会资本有效合作，实现利益共享、风险分担，需要通过合理的资本结构安排来实现，这也是项目成功融资的关键。

10.2　融资政策

10.2.1　鼓励和引导民间投资健康发展

国务院发布的《关于鼓励和引导民间投资健康发展的若干意见》，鼓励民间资本参与交通运输建设，以独资、控股、参股等方式投资建设公路、水运、港口码头、民用机场、通用航空设施等项目；引入市场竞争，推进投资主体多元化，鼓励民间资本参与城市轨道交通以及站场设施的建设，允许民间资本参股建设城际轨道交通等项目；探索建立轨道交通产业投资基金，积极支持相关企业加快股改上市，拓宽民间资本进入轨道交通建设领域的渠道和途径。

10.2.2　开展 PPP

为贯彻国务院《关于创新重点领域投融资机制鼓励社会投资的指导意见》关于鼓励和引导社会投资，增强公共产品供给能力的要求，国家发展改革委发布了《关于开展政府和社会资本合作的指导意见》，指出 PPP 模式是指政府为增强公共产品和服务供给能力、提高供给效率，通过特许经营、购买服务、股权合作等方式，与社会资本建立的利益共享、风险分担及长期合作关系。开展 PPP，有利于创新投融资机制，拓宽社会资本投资渠道，增强经济增长内生动力；有利于推动各类资本相互融合、优势互补，促进投资主体多元化，发展混合所有制经济；有利于理顺政府与市场关系，加快政府职能转变，充分发挥市场配置资源的决定性作用。各地可以根据当地实际及项目特点，积极探索、大胆创新，通过建立合理的“使用者付费”机制等方式，增强吸引社会资本能力，并灵活运用多种 PPP 模式，切实提高项目运作效率。

10.2.3 做好社会资本投融资工作

为贯彻落实党中央、国务院决策部署，加大投融资创新力度，充分发挥社会资本积极作用，促进重点项目实施，合理扩大有效投资，国家发展改革委办公厅发布《关于进一步做好社会资本投融资合作对接有关工作的通知》，指出在开展投融资合作对接过程中，要坚持新建和存量并重，积极选择适宜盘活的存量项目，通过产权交易、存量和改扩建有机结合、挖掘闲置低效资产价值等多种方式予以盘活，吸引社会资本参与。推动更多符合条件的存量项目发行基础设施 REITs，打通投资退出渠道，提升企业参与基础设施建设的积极性。优先支持具备持续盈利能力的存量项目开展 PPP，发挥社会资本专业优势，提升项目运营效率。对盘活存量回收资金投入的新项目，应加强投融资合作对接，鼓励金融机构加大支持力度，推动加快项目前期工作，促进项目尽快开工建设。积极探索新的轨道交通投融资模式，支持企业创新投资方式方法，鼓励金融和投资机构创新产品和服务模式，提升金融服务实体经济质效。积极挖掘和发现本地区在创新投融资模式、促进有效投资方面的优秀案例，总结提炼，形成可复制、可推广的典型经验，采取多种方式宣传推广。

10.3 融资模式

由于特许经营类 PPP 模式自身所具有的优势，在城市轨道交通项目的建设中较常使用到该模式。在特许经营类 PPP 模式中，社会投资者将全部或者部分参与到 PPP 项目的投资，通过与政府部门签订 PPP 协议，设立一个合理的风险共担、收益共享机制，与政府形成长期合作的伙伴关系。对于社会投资者而言，全部或部分地参与 PPP 项目的投资、建设、运营，通过向公共设施的使用者收费、获得财政补贴以及商业运营收入来获得稳定的现金流，还本付息，取得经济利润。对于政府部门而言，不但可以在不增加或者较少增加政府债务压力的情况下推动项目的建设，还可以利用社会投资者在建设、运营和管理方面的优势来提升项目建设和运营的效率。因此特许经营类 PPP 模式得到了政府部门和社会投资者的广泛关注。

较常使用的 PPP 项目运作模式有 BOT 和 TOT。

BOT 模式通常由社会投资者与政府签订特许经营协议，协议签订后社会投资者独自或与政府合作完成公共项目的投资、建设、运营以及维护，在运营期社会投资者通过向使用者收费、获取财政补贴等方式取得合理的收入，特许经营期之后，通常以无偿的方式将该公共项目转让给政府授权机构。BOT 模式在我国城市轨道交通项目中应用较为广泛。

在 TOT 模式下政府部门通常将已经建设完成的公共项目以出售或者租赁的方式转让给社会投资者，从而政府部门可以将该公共项目未来的现金流兑现，及时进行其他公共项目的建设。社会投资者在协议期间负责运营该项目，通过向该项目的使用者收费的形式来收回前期的投资并获得经济利益。

10.4　C 市轨道交通 X 线的 PPP 建设项目融资案例

10.4.1　X 线 PPP 融资模式

由 C 市交通开投集团作为 C 市政府授权的项目 PPP 实施机构。由投资人独资或按约定比例与交通开投集团共同出资设立项目公司，负责项目投融资、建设和运营，并享有项目特许经营权。采用 BOT + EPC 模式，设置建设 + 运营合作期限，特许经营期 25 年（含建设期）。项目工程投资、社会资本投资回报、项目贷款利息等通过土地对价平衡；轨道运营按影子票价和财政购买服务条件独立核算。经营期满后，项目公司将项目移交给 C 市政府指定机构，投资人退出。投资人可根据专业特长和风险偏好，在 10 年和 25 年两种退出时限中作出选择。

10.4.2 投资人引入

C 市交通开投集团采用邀请招标方式遴选综合条件最优的社会投资人。投资人应为依法成立、具备项目要求的资金实力与融资能力、具有相应轨道交通施工和对价土地开发资质及经验的企业法人或联合体。投资人具备相应资质的，后续不再进行施工招标。

10.4.3 融资额度和资源平衡

项目总投资应包括：轨道交通 X 线土建、设备建安总投资和沿线征地拆迁。融资额度暂按匡算静态投资 325 亿元测算，以审定概算为准。项目资本金按 27.37% 计列、共约 89 亿元，其中拟吸引投资人投入 41%、共约 36.5 亿元，拟争取国家专项建设基金投入 28%、共约 25 亿元，由市级财政逐年安排投入 31%、约 27.5 亿元。项目贷款按 72.63% 计列，共约 236 亿元，由项目公司自行负责筹集。由于本项目不改变现有市区共建模式，征地拆迁资金最终仍由各区县出资，通过统一融资方式缓解各区当期资金压力，后由各区级财政解缴 C 市级财政。投资人资本金及项目贷款融资成本按招标确定费率计列纳入项目对价总额。

项目资源按以下方式平衡：一是社会投资人投入本金及投资收益，通过 X 线上盖物业和 CY 组团、LJ 组团相应土地与投资人实现对价。二是调用 CY、LJ 组团土地对原已平衡支出造成的资金缺口，以及需财政新增安排的资本金，通过已落实的铁路、轨道项目专项建设基金冲抵平衡。三是项目贷款还本付息，通过 YB 区 DFH 水库、DB 湖水库周边约 4 万亩土地和 X 线沿线 5 公里范围可储备约 2 905 亩开发用地来平衡。

10.4.4　竞价条件

将土地对价总值、融资额度、投资回报、项目融资成本、造价下浮等作为主要竞价条件，并综合投资人商务条件、技术方案等进行综合评分。同时，将政府不提供项目融资增信条件、不提供担保等作为强制性条款。

1. 经济指标评价

经济指标评价主要指社会投资人对实施本方案的经济报价。将资本投入土地对价总值、融资额度、投资回报、项目融资成本、总价下浮等作为主要竞价条件，建立计算模型，得出政府支出总额净现值，公式为：

政府支出综合净现值 = 项目支出净现值 − 土地对价净现值

（1）土地对价。由 C 市规划部门核定土地红线，确定建设规划控制指标，并由 C 市国土部门落实土地具体位置、面积、时序等，纳入招投标文件内容。以划定地块预期总价值为标的，向上竞价，折算为现值计入评标价格计算公式。其中，投资人资本金及收益对价主要通过 X 线上盖物业、YB 区 CY 组团和 BN 区 LJ 组团土地实现，已具备出让条件的土地与工程招投标一并组织、合并实施；暂不具备出让条件的，由 C 市国土部门根据土地成熟度，统筹实施时序。纳入招标一并实施的上盖物业在招标完成后，按投标报价签署正式土地出让协议；其余地块，按投标报价作为出让协议底价参与后期招拍挂。项目公司融资还本付息对价主要通过 DB 湖、DFH 水库片区储备土地实现，作为专项储备地签署意向协议。招拍挂程序视土地成熟度逐步实施。同时，为协助项目公司实现项目融资、增强投资人信心，融资部分土地将作为轨道 X 线项目专项储备地。

（2）总价下浮。总承包价按不低于 5% 作为限额，向下竞价。以此测算投资节约金额和减少政府出资总额，并折算为现值进入评标价格计算公式。

（3）资本金回报率及退出时限。资本金回报率按6%为上限，向下竞价。同时，将资本金回报率与退出时限进行衔接，折算为现值计入评标价格计算公式。

（4）项目融资（资本金以外）成本。按期限20年以上、不高于5年期以上基准利率计算，折算为现值计入评标价格计算公式。

（5）增信方式。为充分发挥投资人融资能力，降低政府负债风险，由政府出资人代表按持股比例提供增信条件。

2. 商务条件

商务条件包括社会投资人相关资质、项目经验、资产负债情况等，作为符合性要求进行打分。

3. 技术方案

技术方案主要指建设及融资技术方案，对其中的重要指标进行评分，包括技术方案的可行性、建设融资方案的可行性及合理性、财务状况评估、财务可行性评估、管理方案等。

10.4.5 收益共享和风险共担

（1）投资人根据合同自行承担工程造价和融资成本超支的风险，享有项目建设投资结余、施工盈利等经营收益。同时按以下原则享有土地对价收益：资本金投入及收益对价土地，按招拍挂报价签订土地出让协议，投资人享有土地开发收益。土地储备机构代表C市政府按核定底价与投资人签订土地兜底协议。若经公开竞价后，实际成交价格低于协议底价，由投资人按协议底价摘地；实际出让价格高于协议底价，超出部分全额上缴C市财政用于轨道建设，投资人不参与分成。项目融资部分，将YB区DFH水库、DB湖水库周边土地约4万亩和X线沿线5千米范围可储备开发土地约2905亩作为X线专项储备用地。为增强投资人信心，确保项目融资顺利实现，C市发改委上报C市政府，为项目融资提供增信支撑。

（2）建立动态的票价管理机制，根据相关法律法规和社会经济发展状况，本着同网同价的原则，制定并适时调整运营票价，并同等条件享受政府购买服务。

10.4.6　跟踪评审及审计

项目及项目公司接受C市财政评审中心跟踪评审、C市审计部门审计。建设期间，实行工程造价全过程跟踪评审，锁定项目实际投资额和投资人实际投资额。运营期间，实行实际运营收益评审，作为财政购买服务依据。为提高项目决策的科学性、项目管理的专业性以及项目实施效率，委托各类专业中介机构从事PPP项目的资产评估、成本核算、经济补偿、决策论证、合同管理、项目融资、法律等方面的前期工作，由C市交通开投集团组织开展，相关费用作为PPP合同管理专项经费纳入C市轨道交通X线工程概算。

10.4.7　投资人退出和政府提前回购权

经营期满后，项目公司将项目移交给市政府指定机构，投资人退出。若项目未达到移交标准，投资人应按要求维护完善并承担相应费用和成本。C市政府享有在运营期间支付补偿金、终止对价、提前回购项目的优先权。补偿金以工程造价全过程跟踪评审额为基数，结合中标费率对应的投资人年化收益率、已发生的对价价款等因素，由C市交通开投集团和投资人协商测算，经C市财政局、C市审计局审查后上报C市政府审定。

第11章 城市轨道交通PPP项目运营分析

11.1 初期运营前提条件

初期运营应满足《城市轨道交通运营管理规范》《城市轨道交通运营管理规定》《C市轨道交通条例》《城市轨道交通初期运营前安全评估管理暂行办法》及其他适用法律中规定的初期运营相关条件和要求。包括但不限于以下条款：

11.1.1 《C市轨道交通条例》的相关规定

（1）轨道交通工程完工后，建设单位应当组织初步验收。初步验收合格的，进行不载客试运行。

试运行3个月后，轨道交通建设单位应当会同运营单位组织专家审查，具备运营条件的，可以进行试运营。轨道交通建设单位和轨道交通运营单位应当向社会公告。

建设单位应当在试运营期间按照国家和C市有关规定组织竣工验收，向C市城乡建设行政主管部门备案，并将备案情况告知C市交通行政主管部门。竣工验收合格，轨道交通工程投入正式运营。

（2）分期完工的轨道交通建设项目，具备独立运营条件的，可分期组织试运营工作。

（3）轨道交通建设单位应当及时收集、整理轨道交通建设工程档案，在工程竣工验收合格后及时向 C 市城乡建设档案管理机构移交轨道交通建设工程档案。

11.1.2 《城市轨道交通运营管理规定》的相关规定

（1）城市轨道交通工程项目验收合格后，由城市轨道交通运营主管部门组织初期运营前安全评估。通过初期运营前安全评估的，方可依法办理初期运营手续。初期运营期间，运营单位应当按照设计标准和技术规范，对土建工程、设施设备、系统集成的运行状况和质量进行监控，发现存在问题或者安全隐患的，应当要求相关责任单位按照有关规定或者合同约定及时处理。

（2）城市轨道交通工程项目应当按照规定划定保护区。开通初期运营前，建设单位应当向运营单位提供保护区平面图，并在具备条件的保护区设置提示或者警示标志。

11.1.3 城市轨道交通试运营基本条件（GB/T 30013—2013）

（1）城市轨道交通运营单位应按有关规定取得相应的经营许可。

（2）城市轨道交通建设工程完成后，工程初步验收合格，影响运营安全的遗留问题整改完成。

（3）主管部门批准文件。试运营前应取得以下文件：

①规划建设批复文件。有关主管部门对城市轨道交通工程出具的规划、立项和工程可行性研究及工程设计、工程建设的批复文件。

②工程用地和建设许可文件。有关主管部门对城市轨道交通工程出具的用地许可文件、建设用地规划许可证、建设工程规划许可证和施工许可

证等。

③工程质量验收文件。建设工程质量监督部门对土建工程、机电系统安装出具的质量验收文件。

④行车及服务设备质量验收文件。有关主管部门对行车及服务设备出具的质量验收文件。

⑤特种设备质量验收文件。质量技术监督主管部门对投入运营的特种设备出具的验收合格文件。

⑥消防验收文件。消防主管部门对城市轨道交通工程出具的消防验收文件。

⑦安全检查文件。安全生产监督主管部门对城市轨道工程安全设施设备出具的检查、备案文件。

⑧人防工程验收文件。人民防空主管部门对城市轨道交通工程出具的人防验收文件。

⑨卫生评价文件。卫生主管部门对城市轨道交通工程出具的卫生评价文件。

⑩环保验收文件。环境保护主管部门对城市轨道交通工程出具的环保验收文件。

⑪防雷接地验收文件。气象主管部门对城市轨道交通工程防雷装置等设施出具的验收文件。

⑫票价批复文件。价格主管部门对城市轨道交通票价方案的批复文件。

⑬档案批复文件。档案主管部门对城市轨道交通工程档案验收出具的批复文件。

⑭其他批复文件。有关主管部门依据有关法规，对城市轨道交通工程出具的其他批复文件。

（4）工程移交。

建设单位应将城市轨道交通工程作为一个整体向运营单位进行移交，工程移交内容包括工程实体、设备、随机附件、竣工档案等，并同时进行指挥权、管理权、使用权的移交。

（5）试运行要求。

①组织试运行的单位应提供城市轨道交通试运行情况的报告，包括试运行基本情况、设施设备可靠性和故障率情况等。

②试运行时间不得少于 3 个月，试运行最后 20 日应按照试运营开通时列车运行图行车。

③试运行最后 20 日，运营指标应达到以下要求，指标计算方法应符合下列的要求：

一是列车运行图兑现率：不应低于 98.5%。

二是列车正点率：不应低于 98%。

三是列车服务可靠度：全部列车总行车里程与发生 5 分钟以上延误次数之比不应低于 2.5 万列公里/次。

四是列车退出正线运营故障率：不应高于 0.5 次/万列公里。

五是车辆系统故障率：因车辆故障造成 2 分钟以上晚点事件次数应低于 5 次/万列公里。

六是信号系统故障率：不应高于 1 次/万列公里。

七是供电系统故障率：不应高于 0.2 次/万列公里。

八是屏蔽门故障率：不应高于 1 次/万次。

（6）限界基本条件。

区间、车站和车辆基地轨行区的构筑物、设备和管线的限界应符合 GB 50157 和 GB 50490 的规定。同时设施、设备应无侵界现象。

（7）土建工程基本条件。

①线路工程。线路工程的基标、线路及信号标识等附属设施应符合 GB 50157 的规定，配置齐全、标识清晰、埋设牢固。当其他交通设施上跨城市轨道交通线路时，应设置安全防护设施，防止上方异物侵入；当城市轨道交通线路与其他交通设施共建于同一平面且相邻时，应在线路两侧设置安全防护和防侵入设施。地面及高架城市轨道交通线路曲线内侧，不应有妨碍行车瞭望的建筑物、构筑物、树木和其他物体。试运营期间，城

市轨道交通正线、辅助线或车辆基地尚未使用的道岔应采取切实可行的安全防护措施。

②轨道工程。钢轨、扣件、轨枕、道床、道岔和伸缩调节器等应符合 GB 50157 的规定。高架线路应按照 GB 50157 的规定设置防脱护轨。轨道工程尽端应按照 GB 50157 和 GB 50490 的规定设置车挡。轨道结构应具有良好的绝缘性能，并具有对地电阻的测试报告；排流接线应可靠连接。人防门、防淹门等处的隐蔽位置应采取绝缘措施。道床排水沟应畅通，道岔区转辙机及杆件基坑处应无积水；在寒冷季节，道岔转辙机区域应采取防雪、防冰冻措施。钢轨与周边设施设备应保持合理的间距，符合线路绝缘和设备维护的要求。道岔、钢轨、钢轨焊缝、与钢轨和道岔连接的焊点或栓接部位应进行探伤，并提供探伤检测合格的报告；对于无缝线路地段，还应提供锁定轨温、单元轨节长度和观测桩位置等技术资料。路基应符合 GB 50157 和 GB 50490 的规定。

③车站建筑。车站的站台、站厅、出人口、风亭、人行楼梯、售检票亭、投入试运营的通道及相应的装修工程应符合 GB 50157 和 GB 50490 的规定。当车站不设站台屏蔽门时，应按 GB 50157 的规定在站台设置醒目的安全警示标识。车站内的各楼扶梯口、换乘通道口应设有完整的防火分隔设施。车站的站厅、站台公共区、楼扶梯口和出入口等处设置的栏杆应安装牢固。车站应具有不少于 2 个不同方向、满足消防疏散功能的直通地面的出入口，并投入使用；地下一层侧式站台的车站，每侧站台不应少于 2 个出入口并投入使用。车站开通的出入口道路应与市政道路网贯通。车站应明示禁入区域，并设有阻挡外界人、物进入的防范设施。换乘通道宜有通风空调设备。车站内安全标识、引导标识、无障碍设施等应设置齐全，功能完好。

④结构工程。隧道、桥梁、敞开段和暗埋段等结构工程应符合 GB 50157 和 GB 50490 的规定。应建立全线结构工程的沉降监测系统，定期对结构的沉降进行监测。直流供电并采用走行轨作为牵引网回流的结构工程，应有防止杂散电流腐蚀的措施。地下车站、机电设备集中区段的结构

防水等级应达到一级；区间隧道、连接通道等附属隧道结构防水等级应不低于二级。两条单线区间隧道之间设置的连接通道内应设有甲级防火门，防火门主体、铰链等应满足防火和结构受力要求。区间隧道设置中间风井时，井内或风井附近应设有直通地面的防烟楼梯间。高架区间上跨道路，净空高度不大于 4.5 米时，应设有限高标识和限界防护架；当墩柱有可能受外界撞击时，应设防止墩柱受撞击的保护设施。主变电所、控制中心和集中冷站等其他土建工程应符合消防、环保、抗震、防雷和防淹等要求。

（8）车辆和车辆基地基本条件。

①车辆。地铁车辆应符合 GB 50490 和 GB/T 7928 的规定，轻轨车辆等应符合 GB 50490 的规定，应完成列车型式试验和例行试验，提交测试报告，满足合同要求。对于试验中发现的影响行车安全和客运服务的车辆故障应完成整改。

试运行期间，各列车累计在线运行里程不应少于 2000 列公里。列车内安全标识、引导标识、无障碍设施、广播设备和灭火器等应设置齐全。

②车辆基地。车辆基地应符合 GB 50157 和 GB 50490 的规定，车辆基地周界应设围蔽设施；试车线与周围莲、构筑物之间，应有隔离设施；车辆基地有电区和无电区之间应有隔离设施；库内车顶作业平台两侧应设安全防护设施；车顶作业面上方宜设安全防护设施。

车辆基地应具备配属列车停放、静动态调试的条件；车辆基地应根据试运营阶段的需要配备必要的设备、材料、抢修和救援器材以及存放设施。车辆基地内雨水排放系统、生产和生活给排水系统应投入正常使用。安全生产标识标牌应安装到位。架车机、不落轮镟和洗车机等车辆配属设备应能投入正常使用。在寒冷地区，车辆基地应具备车辆存放的供暖条件。车辆基地的起重设备、电梯和压力容器等特种设备应完成安装、调试，并通过验收。

（9）运营设备系统基本条件。

①供电系统。变电所内设备、电力监控系统、杂散电流腐蚀防护系统、动力照明系统和供电电缆等各类设备和器材的材料、规格和功能应符

合 GB 50157 和 GB 50490 的规定。电力监控系统应功能完善，具备对设备遥控、遥信和遥测的功能。各变电所均应有两路独立可靠的电源供电，一级负荷应确保由双电源双回路供电，主变电所数量和牵引变电所数量应满足受载需要。当有外电源点退出、相邻外电源点跨区供电时仍能满足负载需要。应完成各类电气元件、开关的整定值调整。

车站及区间照明系统的照度应符合 GB/T 16275 的规定，并出具照度测试报告；应急照明的应急电源和电能计量装置的配置应符合 GB 50157 和 GB 50490 等相关标准要求。接地、安全标识应齐全、清晰，配备安全工具，并放置到位。变电所内、外部设备间应整洁，电缆沟及隐蔽工程内应清洁、无杂物。变电所外部应满足防火要求，具备巡视和检修条件。电缆孔洞应封堵，安装防鼠板，电缆应悬挂走向标示牌。

②通信系统。传输系统、广播、公务电话、调度电话、无线通信和闭路电视等应符合 GB 50157、GB 50382 和 GB 50490 的规定。公务电话应实现路网内各线路间互通，并与市话互联互通。传输系统的语音、文字、数据和图像等各种信息的数据传输功能以及告警、网管和保护功能应符合 GB 50490 的规定。时钟系统应实现母钟、子钟各项功能和网络管理功能，并能够向相关设备系统发送时间信号。

通信系统应按一级负荷供电；通信电源应具有集中监控管理动能，并应保证通信设备不间断、无瞬变地供电；通信电源的后备供电时间不应少于 2 小时。通信设备机房的温度、湿度和防电磁干扰，应满足 GB 50157 的要求。在应急情况下，通信系统应保持正常的通信功能。换乘站应实现直通电话互联互通，宜实现闭路电视监控图像互联互通。宜进行 144h 测试。

③信号系统。列车自动防护、列车自动监控等应符合 GB 50157、GB 50490 和 GB 50578 的规定。系统应完成控制中心、车站、车辆基地以及车载、轨旁信号设备的安装和调试。

信号系统应确保控制中心与车站间、轨旁设备与车载设备间的安全控制信息传递无误，联动准确；完成车辆基地与正线信号系统的相关接口调试。信号系统应具备列车自动防护功能、控制中心和车站的列车自动监控功能，宜具备列车自动驾驶功能。信号系统应具有完整的测试报告，并有具备资质的安全认证机构出具的安全认证证书和安全评估报告；对证书的限制项，应制定安全防护措施。设置屏蔽门的车站，信号系统宜具备列车车门与站台屏蔽门系统联动功能。信号设备机房的温度、湿度和防电磁干扰，应满足 GB/T 12758 的要求。宜进行 144 小时测试。

④通风、空调与采暖系统。通风空调与采暖系统应符合 GB 50157 和 GB 50490 的规定。同时完成通风管路及风道内的杂物清理及卫生清扫。完成冷却塔、多联空调的室外机地面硬化，并已接入市政排水系统，且周边安装安全防护栏。空调系统冷凝管道及送风口不宜布置在电气设备上方；对于布置在电气设备上方的，应加装相应的防护措施。

⑤消防及给排水系统。消防器材、气体灭火和给排水等系统应符合 GB 50157 和 GB 50490 的规定。消防器材和消防泵房内相关设备应配置齐全，消火栓箱门应有闭锁装置。

给水系统的水量、水质和水压应满足城市轨道交通生产、生活用水要求；水源应可靠，生活用水具有水质检测合格报告。排水系统应提供可靠的排水设施，并满足排放条件。地面井等设施设备应齐全完好，并已接入市政排水系统。完成车站、车辆基地、控制中心、区间泵房、风亭和各类集水池的杂物清理。寒冷地区电保温的设置应确保消防及给排水系统在防寒期内可投入正常使用。

⑥火灾自动报警系统。火灾自动报警系统应符合 GB 50157 和 GB 50490 的规定。车辆基地、变电所、控制中心、区间隧道、中间风井和车站等建筑物应设有火灾自动报警系统。火灾自动报警系统应设控制中心、车站两级调度管理，具备控制中心、车站和就地三级监控的功能。宜进行 144 小时测试。

⑦环境与设备监控系统。环境与设备监控系统应符合 GB 50157 和 GB 50490 的规定。具备对通风空调、给排水、照明、电梯、自动扶梯和应急后备电源系统设备的监控功能。具备火灾联动功能。宜具备中心级、车站

级区间阻塞模式联动功能。

⑧自动售检票系统。自动售检票系统应符合 GB/T 20907 的规定。自动售检票系统应实现网络的互联互通，并应完成对既有运营线路自动售检票系统终端设备、车站计算机、线路中心系统的乘客服务界面、参数和报表等的升级工作。应具备紧急放行功能。宜进行 144 小时测试。

⑨电梯、扶梯和自动人行道。电梯应符合 GB 7588 的规定，扶梯和自动人行道需符合 GB 16899 的规定，扶梯还应符合 GB 50490 的规定。电梯、扶梯和自动人行道应通过调试和安全测试，获得安全检验合格证，具有明显的安全警示和使用标识。车站出入口至站厅、站厅至站台的扶梯至少应各有一台投入使用。完成井道、巷道内杂物和易燃物的清理。

⑩屏蔽门（安全门）系统。屏蔽门（安全门）系统应符合 GB50490 的规定。屏蔽门（安全门）系统接地绝缘应等电位连接，提供屏蔽门（安全门）本体绝缘检测报告。屏蔽门（安全门）系统后备电源应能安全运行。应张贴门体安全标识和使用标识。对于直线车站，站台屏蔽门与车体间隙大于 130 毫米时，应设有防夹装置和防踏空胶条。应急门和端门应可正常开启、关闭，无障碍物遮挡。

（10）人员基本条件。

①一般条件。运营单位应建立健全运营组织机构，合理设置岗位，人员到位，满足运营要求。列车驾驶员、调度员、行车值班员和其他人员应具备相关知识、技能以及高度的岗位责任心，并通过身体健康检查。应按规定着装，正确佩戴服务标志。

②列车驾驶员。列车驾驶员应经过系统岗位培训；在培训期间，应进行车辆故障、火灾、停电和脱轨等险情的模拟操作；在经验丰富的驾驶员的指导和监督下驾驶，驾驶里程不少于 5 000 公里。列车驾驶员经培训考核合格后，持证上岗。列车驾驶员应熟悉试运营线路。

③调度员。调度员应经过系统岗位培训，并持证上岗。应由经验丰富的调度员担任值班主任；值班主任应经过系统岗位培训，具有行车调度岗位工作经验，熟悉电力调度、环控调度等工作内容和流程，并持证

上岗。

④行车值班员。行车值班员应经过系统岗位培训，并持证上岗。

⑤车站客运服务人员。车站客运服务人员应经过系统培训教育，掌握岗位技能。

⑥其他人员。设备维修人员应经过系统岗位培训，具备设备维修技能，并持证上岗。并且特种设备作业人员应取得相关部门颁发的特种设备作业人员证，并持证上岗。

（11）运营组织基本条件。

①规章制度。试运营前应建立下列规章制度：

一是安全管理类。应建立以安全生产责任制为核心的安全管理制度。

二是行车制度类。应制定行车管理办法、车辆段及车站行车工作细则、调度工作规程和检修施工管理办法等。

三是客运服务类。应制定客运服务质量标准、客运服务工作规范和票务管理办法等。

四是设备维护类。应制定各专业系统设备的运行规程、检修规程和检修管理制度等。

五是操作办法类。应制定各专业系统设备的操作手册、列车驾驶员操作手册和故障处理指南等。

六是应急处置类。应制定火灾、爆炸和列车脱轨等突发事件的应急预案；应制定事故处理流程、乘客服务信息应急发布、乘客伤亡事故处置和运营事故调查处理等制度。

②行车组织。运营单位应按设计配属车辆标准，结合列车采购、列车车载信号调试等情况编制车辆配属方案，试运营所需的运用车、检修车和备用车等应到位。运营单位应组织开展拟开通试运营线路的客流预测，制定新的行车组织方案。

③客运组织。运营单位应根据列车运行图、车站设施设备和人员情况等编制客运组织方案。运营单位应做好试运营的宣传工作。

④地面交通衔接。应编制完成城市公交衔接方案。在各车站出入口附

近，宜配套设置停车场、出租汽车停靠站和自行车存放点等。宜在各车站出入口 500 米范围内的公交车站和主要路段等位置，设立清晰、醒目的城市轨道交通车站指示标志。

（12）应急与演练。

①应急预案。

运营单位编制的应急预案应满足各级政府应急预案的协同要求。运营单位应编制突发事件应急预案，主要包括：

一是运营突发事件应急预案。应对设施设备故障、火灾、列车脱轨、列车相撞和突发客流等的应急预案。

二是自然灾害应急预案。应对地震、台风、雨涝、冰雪灾害和地质灾害等的应急预案。

三是公共卫生事件应急预案。应对突发公共卫生事件的应急预案。

四是社会安全事件应急预案。应对人为纵火、爆炸、投毒和核生化袭击等恐怖袭击事件的应急预案。

应急预案编制应科学合理，内容完备，针对性和操作性强。

②应急演练要求。

一是运营单位在试运营前应进行以下应急演练：

a. 道岔故障处理、手动操作道岔办理进路、屏蔽门故障、列车故障救援、电话闭塞和大小交路列车折返等演练。

b. 突发停电事故演练。

c. 火灾、爆炸事故演练。

d. 突发客流演练。

e. 列车相撞、脱轨事故演练等。

二是应开展相关应急处置部门和相关单位参加的综合性应急演练。

三是运营单位应根据演练中发现的问题修改完善应急预案。

③应急组织与装备。

运营单位应建立专、兼职应急抢险队伍。运营单位应配备应急所需要的专业器材和设备。

（13）系统测试检验。

试运营前，试运营基本条件评估单位宜对车辆、供电、通信、信号、火灾自动报警和环境与设备监控等系统进行抽查测试检验。

11.2　初期运营转入正式运营前提条件

轨道交通 X 线正式运营需满足以下条件：

第一，初期运营期满 1 年，项目公司应当向 C 市政府主管部门报送初期运营报告，并由 C 市政府主管部门组织正式运营前安全评估。通过安全评估的，方可依法办理正式运营手续。对安全评估中发现的问题，C 市政府主管部门应当报告 C 市政府，同时通告有关责任单位，要求限期整改。

第二，轨道交通 X 线工程在开通初期运营时如存在甩项工程的，在甩项工程完工并验收合格后，应当通过 C 市政府或 C 市政府主管部门组织的安全评估，方可投入使用。受客观条件限制难以完成甩项工程的，项目公司应当督促建设单位与设计单位依照适用法律的规定履行设计变更手续。全部甩项工程投入使用或者履行设计变更手续后，本项目方可依法办理正式运营手续。

第三，应满足《特许经营协议》及适用法律（包括但不限于《C 市轨道交通条例》《城市轨道交通运营管理规定》《城市轨道交通运营管理规范》等）中规定的正式运营需满足的其他相关条件。

11.3 运营分析

11.3.1 客流分析

轨道交通的客流主要影响运营收入。

1. 时间分析

分析轨道交通客流时间特征及其演变规律，应重点研究常规条件下、特殊天气下和特殊活动下的客流时间分布特征，以评价城市轨道交通某号线客流的时间不均衡性，为后面的轨道交通运营组织优化提供分析依据。

2. 空间分析

分析轨道交通客流空间特征及其演变规律，通过分析城市轨道交通某号线站点区位、站点功能来分析每类站点客流的空间分布特点，以评价客流断面的空间不均衡性和服务水平，从常规条件和节假日两个方面来分析轨道交通客流 OD 分布，为后面的地铁运营组织优化提供分析依据。

11.3.2 票价定价原则

轨道交通票价制定原则如下：

1. 公益优先，兼顾效益

充分发挥轨道交通在公共交通中的骨干和公益作用，以实现市民可承受、企业可持续、政府可承担。

2. 递远递减

遵循“乘坐距离越远，平均每公里费率越低”的原则，发挥轨道交通优势，吸引客流，减缓地面交通压力。

3. 合理比价

促进各种公共交通资源的配置优化，票价高于公共汽车票价，低于出租汽车运价。

4. 统筹线网

票价制定统筹考虑全线网，保持票价政策的连续性、稳定性和合理性。

11.3.3　轨道交通运能分析

工作日设早晚高峰、平峰、低峰，高峰期最大上线 21 列车，最小行车间隔 2 分 40 秒；周末设高、低峰，高峰期最大上线 18 列车，最小行车间隔 3 分 55 秒。正常情况下，终点站均采用站后折返。工作日高峰期最大满载率已达到 75%；而非工作日上、下行其余各区段运力均能满足需要，满载率均在 50% 以下。

基于轨道交通某号线的客流时间分布特征、空间分布特征和车站客流量的主要影响因素，可以从轨道交通全日行车计划、停站方案、交路计划、编组方式和地铁与公交的协调化设计五个方面进行优化，为轨道交通某号线的未来运营组织和公交一体化运营提出相应的优化方案。

11.3.4　成本分析

轨道交通项目建设投资成本巨大，融资借贷成本不容小觑。并且后期运营成本高昂，包括日常运营成本、各项改造及设备大修费用、固定资产折旧等。

轨道交通运营直接成本可分为人工成本、能耗成本、生产维修成本、保安安检费、管理费以及其他支持性成本。因而在运营期间运营成本主要包括：

（1）人工成本。

（2）能耗。

（3）生产维护成本。

（4）保安、安检费用。

（5）其他支持性费用。

（6）固定资产折旧费用。

（7）财务费用。

11.4 C 市轨道交通 X 线的 PPP 项目运营分析案例

11.4.1 营业情况分析

C 市轨道交通 X 线全长约 57.289 千米，其中地下线 29.91 千米，高架线 27.379 千米。共设 34 座车站，其中地下站 22 座，高架站 12 座。项目总投资约 325.56 亿元，工程线路敷设方式基本以地下线路和高架线路为主，本次开通 34 座车站。

C 市轨道交通 X 线西起 SPB 区，北至 YB 区，线路大体呈“先由西向东，再往北”的走向，是 C 市轨道交通线网的重要组成部分，为西南至东北方向连接 SPB 区、YZ 区、JB 区、YB 区四个行政区域的快速轨道交通干线，并与 C 市轨道交通已开通的 6 条运营线路实现换乘，形成了多个大型换乘枢纽，为 C 市西至东北方向的主要交通走廊。

C 市轨道交通 X 线运营车辆均采用山地 As 车型，列车最高运行速度 100 公里/小时。该车型爬坡能力更强，更适合 C 市地形。运营初期，车辆编组采用 6 辆编组，最大载客量 2 300 人，高峰运载能力 1.57 万人次/

小时。初期运营时间为 7：30 至 20：30，单程运行时间约 58 分钟，共 14 列车上线运营，票价标准按照已运营轨道交通线路票价标准执行。X 线 2021 年 1 月 29 日开通，首日的 6.5 小时客流量就达到了 9.3 万人次；2021 年 2 月 14 日 X 线客流创新高，达到了 13.1 万乘次；在开通的 21 天中客流总计 192.6 万，日均 9.17 万。

11.4.2　运营期绩效考核方式

根据财政部《关于印发政府和社会资本合作模式操作指南（试行）的通知》规定，C 市住房城乡建委牵头会同发改委、财政局、审计局、交通局等在特许经营期将通过常规考核和临时考核的方式对项目公司建设运营服务水平进行考核评价，并将考核结果依照《特许经营协议》的规定与可行性缺口补助挂钩。

鉴于轨道系统建设、运营的复杂性及产生社会影响的广泛性，分别设置建设期绩效考核和运营维护期绩效考核两套绩效考核体系，对项目建设期和运营期进行重点监管评价。若国家或 C 市出台轨道项目绩效考核办法或标准的，按新办法或标准进行绩效考核及按效付费。如绩效考核办法与《特许经营协议》有不一致处，以《特许经营协议》的规定为准。

运营期绩效考核由 C 市住房城乡建委或经 C 市住房城乡建委认可的第三方机构负责，由第三方机构考核的，考核报告须经 C 市住房城乡建委复核认可。

对项目公司运营绩效水平的考核方式分为常规考核和临时考核两种。考核内容包括运营服务、运营安全、运营设施可靠度和运营维护四部分，以 100 分为满分，达不到得分要求的按违约处理，除根据考核相关规定扣除相应的可行性缺口补助外，同时项目公司应依照《特许经营协议》的规定承担违约责任。

1. 常规考核

在运营期内，每个运营年进行一次考核。常规考核在每个运营年结束后，由项目公司向 C 市政府或其指定机构提交年度运营报告，C 市政府或其指定机构应在 45 日内完成考核及分数统计，并将考核结果告知项目公司。

2. 临时考核

C 市政府或 C 市政府授权部门可以随时自行考核项目公司的运维服务绩效，如发现缺陷，则需在 24 小时内以书面形式通知项目公司。项目公司在接到书面通知后，应在绩效考核要求的时间内修复缺陷。临时考核结果一般不作为项目公司违约情形处理，除非临时考核发现的缺陷会导致 X 线项目设施的可用性破坏或存在重大安全隐患。临时考核不计入运营期绩效考核得分。

无论是常规考核还是临时考核，项目公司均应及时修复缺陷，否则 C 市住房城乡建委可根据相关约定从项目公司提交的运营维护保函中提取相应的金额。

11.4.3 运营期绩效考核指标

1. 运营基本指标

在满足国家法律法规要求及行业主管部门的相关规定的前提下，X 线项目设施的运营需考察表 11.1 所列的各项客运基本指标，各项客运基本指标的考核标准见表 11.2。考核指标根据国家和 C 市城市轨道交通运营、管理等相关规定的指标作及时调整，在满足国家和 C 市要求的前提下，为了便于运营和考核量化，出资人代表和项目公司可协商调整表 11.2 中的考核指标，并报 C 市政府或 C 市政府授权部门审批后调整。

表 11.1　　运营服务指标含义

指标	含义
兑现率	统计期内实际完成的开行列车次数与运行图的计划列车次数之比
正点率	在统计期内准点列车次数与开行列车总数之比。非管理问题、设备故障等项目公司原因造成的列车延误，例如恶劣天气等不应计算在内
列车服务的可靠度	全部列车总行车里程与发生 5 分钟以上延误次数之比
乘客满意度	统计期内，委托第三方机构或舆情调查机构对乘客进行服务质量满意度调查的结果
乘客投诉回复率	统计期内，已回复的有效乘客投诉次数与有效投诉次数之比。有效乘客投诉应在接到投诉之日起 10 个工作日内回复
百万出行量有责服务投诉率	统计期内，项目公司有责投诉次数与客运人次之比
行车间隔安排	统计期内，工作日高峰期、平峰及非工作日的最大的行车间隔
站房内客伤与客流比	统计期内，某一站房内发生乘客伤害人次与站房内全部客流人数的比值
全线安全运营天数	统计期内（通常为 1 年），安全无事故连续运营天数
年运营事故伤亡人数	统计期内（通常为 1 年），运营事故伤亡人数
紧急疏散演习次数	统计期内（通常为 1 年），每年紧急疏散演习次数
列车故障率	统计期内，列车故障列次与列车总运行列次
自动售票机（取票）可靠度	统计期内，自动售票（取票）机实际投入服务时间与应投入服务时间之比
出入闸机可靠度	统计期内，出入闸机实际投入服务时间与应投入服务时间之比
电梯（自动扶梯和垂直电梯）可靠度	统计期内，电梯实际投入服务时间与应投入服务时间之比
残疾人设施可靠度	统计期内，残疾人设施实际投入服务时间与应投入服务时间之比
车辆系统故障率	统计期内，因车辆故障造成 2 分钟以上晚点事件次数与全部列车总行车里程之比
信号系统故障率	统计期内，信号系统故障次数与全部列车总行车里程之比
供电系统故障率	统计期内，供电系统故障次数与全部列车总行车里程之比
平均故障响应时间	统计期内，平均每次故障发生到抢修人员到位时间
平均故障修复所需时间	统计期内，平均每次故障修复所需要的时间

2. 运营期绩效考核机制

运营期绩效考核满分为 100 分。主要针对项目运营服务、运营安全、运营设施可靠度和运营维护进行考核，运营期绩效考核得分所对应的绩效考核系数 K_2 如表 11.3 所示，具体考核指标见表 11.2。K_2 每个运营年计算一次。

表 11.2　运营绩效考核

指标	分数	考核值	绩效指标考核方法说明
运营服务绩效指标			
兑现率	5.25	≥99.0%	实际考核值低于 99.0%，兑现率每降低 1%，则得分减少 0.7 分，扣完为止
正点率	5.25	≥98.5%	实际考核值低于 98.5%，准点率每降低 1%，则得分减少 0.7 分，扣完为止
列车服务的可靠度	5.25	≥10 万列公里/次	不符合设计值，则考核不通过，该项不得分；符合设计值，则考核通过，该项得满分
乘客满意度	4.65	≥80%	实际考核值低于 80.0%，满意度每降低 1%，则得分减少 0.3 分，扣完为止
乘客投诉回复率	4.50	100%	不符合设计值，则考核不通过，该项不得分；符合设计值，则考核通过，该项得满分
百万出行量有责服务投诉率	4.05	≤0.5 次/百万人次	不符合设计值，则考核不通过，该项不得分；符合设计值，则考核通过，该项得满分
行车间隔安排	4.65	工作日高峰期（全线）不大于 20 分钟	不符合设计值，则考核不通过，该项不得分；符合设计值，则考核通过，该项得满分
		平峰及非工作日（全线）不大于 30 分钟	
运营安全指标			
站房内客伤与客流比	4.05	≤0.1 人次/十万人	不符合设计值，则考核不通过，该项不得分；符合设计值，则考核通过，该项得满分
全线安全运营天数	4.95	360 天	实际考核值在低于 360 天，安全运营天数每减少 1 天，则得分减少 0.25 分，扣完为止
年运营事故伤亡人数	4.95	≤2 人/年	不符合设计值，则考核不通过，该项不得分；符合设计值，则考核通过，该项得满分

续表

指标	分数	考核值	绩效指标考核方法说明
运营安全指标			
紧急疏散演习次数	4.65	≥2 次/年	不符合设计值，则考核不通过，该项不得分；符合设计值，则考核通过，该项得满分
运营设施可靠度			
列车故障率	2.00	≤2%	不符合设计值，则考核不通过，该项不得分；符合设计值，则考核通过，该项得满分
自动售票机（取票）可靠度	4.65	≥97%	实际考核值低于 97.0%，可靠度每降低 1%，则得分减少 0.6 分，扣完为止
出入闸机可靠度	4.65	≥95%	实际考核值低于 95.0%，可靠度每降低 1%，则得分减少 0.6 分，扣完为止
电梯（自动扶梯和垂直电梯）可靠度	5.95	≥97%	实际考核值低于 97.0%，可靠度每降低 1%，则得分减少 0.6 分，扣完为止
残疾人设施可靠度	5.80	≥97%	实际考核值低于 97.0%，可靠度每降低 1%，则得分减少 0.6 分，扣完为止
车辆系统故障率	6.17	≤1 次/百万公里	不符合设计值，则考核不通过，该项不得分；符合设计值，则考核通过，该项得满分
信号系统故障率	6.14	≤1 次/万列公里	不符合设计值，则考核不通过，该项不得分；符合设计值，则考核通过，该项得满分
供电系统故障率	6.14	≤0.1 次/万列公里	不符合设计值，则考核不通过，该项不得分；符合设计值，则考核通过，该项得满分
运营维护指标			
平均故障响应时间	3.30	≤10 分钟	不符合设计值，则考核不通过，该项不得分；符合设计值，则考核通过，该项得满分
平均故障修复所需时间	3.00	≤30 分钟	不符合设计值，则考核不通过，该项不得分；符合设计值，则考核通过，该项得满分

表 11.3　运营期绩效考核系数

运营绩效考核得分（A）	运营绩效考核系数 K_2
90 分≤A≤100 分	100%
80 分≤A<90 分	95%

续表

运营绩效考核得分（A）	运营绩效考核系数 K_2
70 分≤A<80 分	90%
60 分≤A<70 分	85%
A<60 分	0

11.4.4 运营期绩效考核结果

C 市住建委对 C 市轨道交通 X 线在运营初期结束后的第一个正式运营年度的运营服务进行了绩效考核，以判断项目公司是否执行了特许经营协议，并根据可行性缺口进行补助。2021 年度正式运营期的绩效考核得分为 88 分，对应的运营期绩效考核系数为 95%。

第12章
城市轨道交通PPP项目实施效果分析

12.1 城市轨道交通 PPP 项目实施效果评价思路、方法

12.1.1 思路

轨道交通项目具有明显区别于其他投资建设工程项目的特点，比如列车准点率、客流量等指标能反映其运营状况。在本次评价研究的指标选取中，对于具有轨道交通特色的指标要有所体现，同时也要体现 PPP 项目的特点。

实施效果评价指标的选择应尽可能简单且具有代表性，既能客观反映城市轨道交通 PPP 项目实施各个阶段、不同参与主体之间的关系，又要在数据的获取、分析上具有可实践性。指标的概念需要明确、清晰，统计及计算口径需要统一。

12.1.2 方法

哈图什（Hatush，1997）从特许经营的角度，总结出了项目预审的标

准集，涵盖了常规、财务、安全、管理、技术等方面的内容。梅尔纳（Merna，1999）则研究了 PPP 项目采购过程中的招标阶段的核心指标，如投标的财务报告、资金来源、债权与债务比例、公司在 BOT 等方面的业绩、项目管理和建设的经验、管理框架、健康与环境、质量保证体系、沟通能力等。我国学者认为，当前我国国情下最有效的评价指标选择方法是依据科学研究成果和生产实践经验来确定，单个指标要具有代表性，既能独立发挥研究对象的某方面特性，又要满足全面性。

通过走访调研轨道交通 PPP 项目实施机构、项目公司、政府监管机构及相关专家，并结合项目管理、我国当前 PPP 发展的实际及住建部《城市轨道交通建设项目后评价导则》《市政公用设施建设项目后评价导则》等相关国家规范文件的要求，确定影响实施效果的重要因素组成。

12.2 城市轨道交通 PPP 项目实施效果评价指标体系构建

借鉴平衡计分卡理论、项目后评价理论及相关专家的经验意见，实施效果评价内容主要关注项目的财务经济、实施过程、用户体验、合约管理四个方面的内容。这四个方面将全面覆盖城市轨道交通 PPP 项目的全生命周期，包括项目立项、项目识别、项目准备、项目执行、项目移交（如有）。

12.2.1 财务经济的实施效果评价

城市轨道交通项目具有准公共产品的特征，外部性显著，因此经济评价应该以经济分析为主；同时由于城市轨道交通项目实施收费制度，财务分析有助于全面了解项目的实施和运营效果。此外，PPP 项目特有的 VFM 及财政承受能力评估也需纳入政府支出的经济性评价中。财务经济实施效果评价主要研究政府财政能力、项目经营成本与收入能力，以及盈利能力与生存能力对实施效果的影响。

财务实施效果评价主要包括项目的经营成本与收入能力、财务盈利与生存能力评价等。其中，经营成本是指项目生产运营支出的各种费用。城市轨道交通 PPP 项目的收入与税费评价，要基于项目的生产利用率、客票单价、补贴机制、分成机制等，并充分考虑增值税等因素。财务盈利能力通常是指 PPP 项目公司在一定时期内赚取利润的能力。盈利能力的大小是一个相对的概念，即利润相较于一定的资源投入、一定的收入而言的高低。利润率越高，盈利能力越强；利润率越低，盈利能力越差。项目公司经营业绩的好坏最终可以通过企业的盈利能力来反映。财务生存能力评价是通过编制的财务计划现金流量表，结合偿债能力分析，考察项目公司资金平衡和余缺等财务状况，判断其财务可持续性。

12.2.2　实施过程效果评价

城市轨道交通 PPP 项目的过程评价，是在对评价时点之前的各个阶段回顾的基础上，确认整个项目的各个阶段是否按照计划实施，分析项目执行各个阶段发生的偏离及原因对项目的影响，对项目后面阶段的运营管理和工作质量给予借鉴和引导。城市轨道交通 PPP 项目的过程包括了项目决策、投融资、建设、运营等多个阶段。

1. 项目决策及投融资阶段

项目投资决策的实施效果评价主要包括项目建设规划的编制、评估和批复，项目可行性研究报告、初步设计的编制、评估和批复，及其他报批手续。每一个项目的投融资评价，都需要综合考虑项目的具体特征、项目所处环境、项目发起目的、项目参与人实力、经验、筹融资、信用等多种因素。项目投融资模式的选择，对于整个项目各个阶段的发展有重大影响。

PPP 项目的招商是通过资格预审、公开招标或竞争性谈判、磋商等方式遴选项目的社会投资人。公开、公平、公正的 PPP 项目招商方式，可有效地降低政府的交易成本；合理的招商方案，可择优选择更加适合的社会投资人。

2. 项目建设阶段

建设阶段的实施效果评价，是对建设阶段各项工作的回顾、总结和评价。建设项目管理关注项目的成本、组织管理、合同、投资控制、质量控制、进度控制、施工监理、工程安全、变更、风险控制、档案管理、竣工验收等重要环节。

以 PPP 模式实施的城市轨道交通项目，是否能够在质量、工期、安全这三方面达到效果更优，需要进行项目实施效果评价。建设期实施效果主要考核指标包括质量、工期和安全三个方面，考核形式和结果参照《特许经营协议》的规定。

质量指标考核是否满足国家和地方相关标准，符合轨道行业设备采购、安装及调试等建设过程中的质量要求及标准，并最终验收合格。

工期指标考核是否按时开工且建设工期控制在《特许经营协议》约定的建设工期（非项目公司原因导致的延期除外），工期以《特许经营协议》中的约定为准。

安全生产指标考核是否按照《生产安全事故报告和调查处理条例》等规定，确保安全文明施工。

3. 运营阶段

运营期的实施效果评价主要针对已经建立的客运组织制度、客运服务设施、导向标示、客运措施等进行评价。客运组织服务评价主要针对客运服务制度措施、乘客投诉率、投诉回复率、乘车满意度等进行评价。设施设备运维评价，主要从车辆运用和维护管理、车辆基地管理、设施设备管理、设备运行质量、土建设备管理等方面进行评价。由于城市轨道交通运维人员专业要求较高、工种多样，实施效果评价，需关注列车驾驶员、调度员、行车值班员、车站客运服务人员、特种设备维修人员、特种作业人员、各类设备维修人员等，对其技能掌握情况进行评价。

运营期的实施效果评价可采用常规考核和临时考核的方式，对项目公司的运营效果水平进行评价。评价内容包括运营服务、运营安全、运营设施可靠度、运营维护四个部分。

12.2.3　用户体验评价

用户体验评价可以评估项目是否能提供用户满意的产品与服务。城市轨道交通的使用者评价主要是指与城市轨道交通使用者群体密切相关的评价，可以是微观的具体乘客，也可以是宏观的、代表大众利益的政府机构。乘客体验层面轨道交通项目评价的关键内容包括效率、安全、舒适、经济等。政府是宏观层面的使用者，可以从节能效果、环境影响、社会效益等方面对项目进行公众体验评价。

12.2.4　合约管理评价

城市轨道交通项目投资巨大，且 PPP 交易结构复杂，因此利益相关方长期的权利与义务的划分必须依托完善的合同体系。对于 PPP 项目而言，特许经营协议、股权合作协议、施工总承包协议、第三方咨询协议等都是决定项目顺利与否的重要合同。合约评价有必要在后评价节点上对比分析合同的约定情况与执行情况，及时发现合同管理中的不足。特许经营评价基于 PPP 项目中政府和项目公司签订的特许经营协议。特许经营协议约定了 PPP 项目的特许经营方式、期限、项目投资额、项目收益、支付方式、价格及测算、融资方案、政府承诺、经营期满资产处理、应急事件等内容。

12.2.5 城市轨道交通 PPP 项目实施效果评价指标体系

根据前面的分析，得到 48 个城市轨道交通 PPP 项目实施效果评价指标体系（见表 12.1）。

表 12.1 轨道交通 PPP 项目实施效果评价指标体系

目标层	准则层	指标层
轨道交通 PPP 项目实施效果	A. 财务经济	A1 项目总投资
		A2 项目总经营成本与费用
		A3 票价收入水平
		A4 非客运收入水平
		A5 财政补贴水平
		A6 财政的支出责任划分
		A7 财政支出占一般公共预算的比例
		A8 全投资内部收益率
		A9 资本金内部收益率
		A10 投资回收期
		A11 资产负债率
		A12 偿债备付率
	B. 实施过程	B1 可行性研究
		B2 招商（招标）
		B3 融资成本
		B4 资金安全
		B5 建设进度
		B6 建设质量
		B7 工程安全
		B8 工程变更
		B9 行车组织水平
		B10 客运服务水平
		B11 设施设备运维水平
		B12 运营人员专业水平

续表

目标层	准则层	指标层
轨道交通 PPP 项目实施效果	C. 用户体验	C1 乘客体验：效率性
		C2 乘客体验：安全性
		C3 乘客体验：舒适性
		C4 乘客体验：经济性
		C5 乘客体验：可靠性
		C6 乘客体验：满意度
		C7 公众体验：能耗节约水平
		C8 公众体验：社会效益
		C9 公众体验：环保措施落实
		C10 公众体验：环境影响
	D. 合约管理	D1 政府协调机制
		D2 政府监管机制
		D3 付费机制
		D4 调价机制
		D5 风险分担
		D6 期末移交
		D7 合作模式
		D8 特许经营协议
		D9 股权合作协议
		D10 融资协议
		D11 施工总承包合同
		D12 保险合同
		D13 采购协议
		D14 政府和社会资本调解机制

PPP 项目实施效果评价指标的评分准则在设定时，既要满足轨道交通 PPP 项目利益相关方的诉求，又要在各方的主要利益和次要利益之间作出选择，平衡大局。具体评价准则要素如表 12. 2 所示。

表 12.2　　轨道交通 PPP 项目实施效果评价指标评价准则要素

指标层	指标性质	评价准则要素
A1 项目总投资	定量	内容及费用齐全，计算合理，不高估，不少算；计算有法可依
A2 项目总经营成本与费用	定量	费用或要素的取值合理
A3 票价收入水平	定量	客流测算稳定，票价收入相对稳定
A4 非客运收入水平	定量	多种经营意识明显，收入效果显著
A5 财政补贴水平	定量	补贴稳定，在付费机制控制内
A6 财政的支出责任划分	定量	财政支出纳入预算，支出适度
A7 财政支出占一般公共预算的比例	定量	当年财政支出不超过一般公共预算支出的 10%
A8 全投资内部收益率	定量	IRR 不小于特许经营协议约定或期初测算
A9 资本金内部收益率	定量	IRR 不小于特许经营协议约定或期初测算
A10 投资回收期	定量	折现合理，回收期与预期偏差不大
A11 资产负债率	定量	经营安全、稳健，筹资能力强
A12 偿债备付率	定量	大于 1，资金来源充足
B1 可行性研究	定性	内容完整，深度合理
B2 招商（招标）	定性	招商程序合规合法，招商过程有效监督，招标结果公开透明
B3 融资成本	定性	融资模式规范，有市场竞争力
B4 资金安全	定性	风险较低，防范措施完备
B5 建设进度	定性	满足工期要求
B6 建设质量	定性	满足设计、规范要求
B7 工程安全	定性	无重大安全事故发生
B8 工程变更	定性	满足设计、施工规范并有效实施
B9 行车组织水平	定性	列车调度正点率等满足要求，车站行车调查可控，车辆基地行车组织有效
B10 客运服务水平	定性	客运组织管理较好，客运组织服务有效
B11 设施设备运维水平	定性	车辆运行和维护管理、车辆基地管理、设施设备管理规范，设备运行质量较好
B12 运营人员专业水平	定性	列车驾驶员、调度员、行车值班员、车站客服人员、其他人员须技能合格、培训上岗
C1 乘客体验：效率性	定性	节约时间效益，换乘方便，发车间隔短

续表

指标层	指标性质	评价准则要素
C2 乘客体验：安全性	定性	旅客安全事故少于合同要求
C3 乘客体验：舒适性	定性	车厢温度、湿度适度，车站车厢清洁
C4 乘客体验：经济性	定性	票价定价合理
C5 乘客体验：可靠性	定性	正常运营累计时间长，突发停车、停运概率极小
C6 乘客体验：满意度	定性	服务专业友善，满意度高，大于 80%
C7 公众体验：能耗节约水平	定性	尽可能运用节能技术，能源消耗能效水平合理
C8 公众体验：社会效益	定性	项目周边群众、机构评价良好，社会稳定可控
C9 公众体验：环保措施落实	定性	噪声措施合理，减震措施、大气污染措施、污水治理措施合理
C10 公众体验：环境影响	定性	自然环境、生态环境、社会环境、景观环境符合要求
D1 政府协调机制	定性	跨部门协调机制建立并有效实施
D2 政府监管机制	定性	日常监管到位
D3 付费机制	定性	付费时点、费用计价方式明确
D4 调价机制	定性	调价因素全面，调价系数取证科学
D5 风险分担	定性	风险分担原则明确，细则有划分
D6 期末移交	定性	移交资产清算合理
D7 合作模式	定性	符合国家 PPP 相关政策
D8 特许经营协议	定性	双方的权利义务，项目融资、建设、运营、移交的标准和要求及票价和风险分担约定明确
D9 股权合作协议	定性	合作宗旨、董事会和经营管理机制、合同期限、保险、不可抗力等规定合理
D10 融资协议	定性	还本付息可行
D11 施工总承包合同	定性	发包合理，量、价计算方法约定明确，变更处理详细明确
D12 保险合同	定性	覆盖国家强制险，风险有效分担
D13 采购协议	定性	付款及交付条款约定清晰
D14 政府和社会资本调解机制	定性	法律关系清晰，可操作性强

成功度评价理论是根据专家的经验，对各项具体指标进行打分评价，最终对轨道交通 PPP 项目实施效果的成功度做出定性结论。借鉴成

功度理念，建立城市轨道交通 PPP 项目实施效果单项指标的评价结果级别，即分为“效果优秀”“效果良好”“效果一般”“没有效果”“负面效果”五级等级；对应的单项指标得分分别为 95 分、80 分、70 分、60 分、40 分。

12.3 城市轨道交通 PPP 项目实施效果评价指标体系权重确定

首先，利用层次分析法确定指标的权重。对财务经济层面的 12 个指标进行两两重要性打分；对实施过程的 12 个指标两两进行重要性打分；对用户体验的 10 个指标进行两两比较打分；对合约管理的 14 个指标进行两两重要性打分；然后，对四个二级指标方面再两两打分，确定目标指标权重。两两重要性的九级打分取值分别为 1/9，1/7，1/5，1/3，1，3，5，7，9，由轻到重地分别表示 i 要素对于 j 要素的重要程度。按照前面确定的指标评分准则及评价指标体系，邀请来自政府部门、项目社会投资人、轨道交通项目中介咨询机构、PPP 专家学者，对评分表进行打分。按照指标之间的九级比例标度进行量化打分。

其次，确定指标的判断矩阵，并进行一致性检验。一级指标（准则层）重要度的一致性检验值为 0.0315；四个二级指标（指标层）层的重要度评价一致性检验值也均小于 0.1，说明判断矩阵具有较好的一致性。一致性检验通过后，再整理计算各项具体指标的权重，如表 12.3 所示。

最后，根据最终得分的判断标准，当最终得分为 90 ~ 100 时，轨道交通 PPP 项目实施效果审计评价为优；当最终得分为 80 ~ 90 时，评价为良；当最终得分为 70 ~ 80 时，评价为中；当最终得分为 60 ~ 70 时，评价为合格；如果最终得分低于 60 时，评价为不合格。

表 12.3　　轨道交通 PPP 项目实施效果评价指标权重

准则层	指标层	单权重 W_{ij}	综合权重 $W_k = W_i \times W_{ij}$
A. 财务经济 $W_1 = 0.2976$	A1 项目总投资	0.0829	0.0247
	A2 项目总经营成本与费用	0.1090	0.0324
	A3 票价收入水平	0.1220	0.0363
	A4 非客运收入水平	0.0610	0.0182
	A5 财政补贴水平	0.1520	0.0452
	A6 财政的支出责任划分	0.0877	0.0261
	A7 财政支出占一般公共预算的比例	0.0714	0.0212
	A8 全投资内部收益率	0.0275	0.0082
	A9 资本金内部收益率	0.0599	0.0178
	A10 投资回收期	0.1126	0.0335
	A11 资产负债率	0.0635	0.0189
	A12 偿债备付率	0.0505	0.0150
B. 实施过程 $W_2 = 0.2753$	B1 可行性研究	0.0611	0.0168
	B2 招商（招标）	0.0967	0.0266
	B3 融资成本	0.0589	0.0162
	B4 资金安全	0.0638	0.0176
	B5 建设进度	0.0960	0.0264
	B6 建设质量	0.1384	0.0381
	B7 工程安全	0.0772	0.0213
	B8 工程变更	0.1036	0.0285
	B9 行车组织水平	0.1008	0.0278
	B10 客运服务水平	0.0849	0.0234
	B11 设施设备运维水平	0.0632	0.0174
	B12 运营人员专业水平	0.0554	0.0153
C. 用户体验 $W_3 = 0.1326$	C1 乘客体验：效率性	0.1151	0.0153
	C2 乘客体验：安全性	0.0685	0.0091
	C3 乘客体验：舒适性	0.1025	0.0136
	C4 乘客体验：经济性	0.0547	0.0073
	C5 乘客体验：可靠性	0.1145	0.0152

续表

准则层	指标层	单权重 W_{ij}	综合权重 $W_k = W_i \times W_{ij}$
C. 用户体验 $W_3 = 0.1326$	C6 乘客体验：满意度	0.0925	0.0123
	C7 公众体验：能耗节约水平	0.1138	0.0151
	C8 公众体验：社会效益	0.1029	0.0136
	C9 公众体验：环保措施落实	0.1248	0.0165
	C10 公众体验：环境影响	0.1107	0.0147
D. 合约管理 $W_4 = 0.2945$	D1 政府协调机制	0.0673	0.0198
	D2 政府监管机制	0.0321	0.0095
	D3 付费机制	0.0611	0.0180
	D4 调价机制	0.0275	0.0081
	D5 风险分担	0.1702	0.0501
	D6 期末移交	0.0502	0.0148
	D7 合作模式	0.0841	0.0248
	D8 特许经营协议	0.0935	0.0275
	D9 股权合作协议	0.0856	0.0252
	D10 融资协议	0.1148	0.0338
	D11 施工总承包合同	0.0401	0.0118
	D12 保险合同	0.0142	0.0042
	D13 采购协议	0.1082	0.0319
	D14 政府和社会资本调解机制	0.0511	0.0150

12.4 C 市轨道交通 X 线的 PPP 项目实施效果评价

C 市轨道交通 X 线全长约 57.289 千米，其中地下线 29.91 千米，高架线 27.379 千米。共设 34 座车站，其中地下站 22 座，高架站 12 座。项目总投资约 325.56 亿元，工程线路敷设方式基本以地下线路和高架线路为主，本次开通 34 座车站。

C 市轨道交通 X 线项目特许经营协议由主协议、16 个附件协议以及后续的补充合同共同构成，涵盖了投资、建设、试运营、运营、移交各个阶段，形成了一个完整的合同体系。特许经营协议对特许期届满后移交进行了周密的安排，充分考虑了 X 线未来的发展和公众利益。

从项目质量实现情况评价，X 线设计、施工全部符合国家、行业技术规范和标准。经过 5 年努力，X 线所有分部分项目工程一次验收合格率达到 100%。从项目安全实现情况评价，X 线项目建设施工期间均未发生重大责任安全事故，项目安全管理总体绩效显著。

C 市轨道交通 X 线运营车辆均采用山地 As 车型，列车最高运行速度 100 千米/小时。该车型爬坡能力更强，更适合 C 市地形。运营初期，车辆编组采用 6 辆编组，最大载客量 2300 人，高峰运载能力 1.57 万人次/小时。初期运营时间为 7：30 至 20：30，单程运行时间约 58 分钟，共 14 列车上线运营，票价标准按照已运营轨道交通线路票价标准执行。X 线 2021 年 1 月 29 日开通，首日的 6.5 小时客流量就达到了 9.3 万人次；2021 年 2 月 14 日 X 线客流创新高，达到了 13.1 万乘次；在开通的 21 天中客流总计 192.6 万，日均 9.17 万。2021 年 4 月 29 日运营初期顺利结束，于 2021 年 5 月 1 日进入正式运营阶段。政府的监管是由专门监管部门和一般性监管部门共同完成的，这种监管模式保障监管领域的全面性，切实保障 X 线的安全运营。

在正式运营 1 年后，C 市交通开投集团组织 5 位专家进行了轨道交通 X 线实施效果评价。根据成功度评价理论，每位专家对每个具体评价指标在定量和定性评价准则要素的基础上得出成功度评价结论，然后计算平均的成功度等级，换算成对应得分，代入轨道交通 PPP 项目实施效果评价指标体系，并乘以综合权重得到最终得分，如表 12.4 所示。

表 12.4　　轨道交通 X 线 PPP 项目实施效果评价结果

指标层	单权重 W_{ij}	综合权重 $W_k = W_i \times W_{ij}$	平均的成功度等级得分	每项指标得分
A1 项目总投资	0.0829	0.0247	95	2.343749
A2 项目总经营成本与费用	0.1090	0.0324	95	3.081648
A3 票价收入水平	0.1220	0.0363	85	3.086112
A4 非客运收入水平	0.0610	0.0182	85	1.543056
A5 财政补贴水平	0.1520	0.0452	95	4.297344
A6 财政的支出责任划分	0.0877	0.0261	95	2.479454
A7 财政支出占一般公共预算的比例	0.0714	0.0212	95	2.018621
A8 全投资内部收益率	0.0275	0.0082	85	0.69564
A9 资本金内部收益率	0.0599	0.0178	85	1.51523
A10 投资回收期	0.1126	0.0335	85	2.84833
A11 资产负债率	0.0635	0.0189	85	1.606296
A12 偿债备付率	0.0505	0.0150	85	1.277448
B1 可行性研究	0.0611	0.0168	85	1.429771
B2 招商（招标）	0.0967	0.0266	85	2.262828
B3 融资成本	0.0589	0.0162	85	1.378289
B4 资金安全	0.0638	0.0176	95	1.668593
B5 建设进度	0.0960	0.0264	85	2.246448
B6 建设质量	0.1384	0.0381	95	3.619644
B7 工程安全	0.0772	0.0213	95	2.01905
B8 工程变更	0.1036	0.0285	85	2.424292
B9 行车组织水平	0.1008	0.0278	85	2.35877
B10 客运服务水平	0.0849	0.0234	85	1.986702
B11 设施设备运维水平	0.0632	0.0174	85	1.478912
B12 运营人员专业水平	0.0554	0.0153	85	1.296388
C1 乘客体验：效率性	0.1151	0.0153	85	1.297292
C2 乘客体验：安全性	0.0685	0.0091	85	0.772064
C3 乘客体验：舒适性	0.1025	0.0136	85	1.155278
C4 乘客体验：经济性	0.0547	0.0073	85	0.616524

续表

指标层	单权重 W_{ij}	综合权重 $W_k = W_i \times W_{ij}$	平均的成功度等级得分	每项指标得分
C5 乘客体验：可靠性	0.1145	0.0152	85	1.29053
C6 乘客体验：满意度	0.0925	0.0123	85	1.042568
C7 公众体验：能耗节约水平	0.1138	0.0151	70	1.056292
C8 公众体验：社会效益	0.1029	0.0136	85	1.159786
C9 公众体验：环保措施落实	0.1248	0.0165	70	1.158394
C10 公众体验：环境影响	0.1107	0.0147	70	1.027517
D1 政府协调机制	0.0673	0.0198	85	1.684687
D2 政府监管机制	0.0321	0.0095	85	0.803543
D3 付费机制	0.0611	0.0180	70	1.259577
D4 调价机制	0.0275	0.0081	70	0.566913
D5 风险分担	0.1702	0.0501	85	4.260532
D6 期末移交	0.0502	0.0148	70	1.034873
D7 合作模式	0.0841	0.0248	85	2.105233
D8 特许经营协议	0.0935	0.0275	85	2.340539
D9 股权合作协议	0.0856	0.0252	85	2.142782
D10 融资协议	0.1148	0.0338	85	2.873731
D11 施工总承包合同	0.0401	0.0118	85	1.003803
D12 保险合同	0.0142	0.0042	85	0.355462
D13 采购协议	0.1082	0.0319	85	2.708517
D14 政府和社会资本调解机制	0.0511	0.0150	85	1.279161
最终得分				85.95

如表 12.4 所示，C 市轨道交通 X 线 PPP 项目综合实施效果为“效果良好”，实现了预期的 PPP 预设效果，意味着本项目对于其他项目有较好的示范作用，其在实施过程、用户体验、合约管理等方面有诸多成效值得推广与借鉴。

第 13 章 研究结论及不足

13.1 研究结论

城市轨道交通一般属于大型建设项目，它的整个建设周期较长，在建设期间需要大量的资金来保证项目的正常开展。在建成后的运营期，依然需要资金来聘请工作人员、进行设备维护保养、解决设施设备的损耗等，而这些支出也是一笔巨资。虽然在后期运营中，会有票务收入、地铁周边资源收入的进账，但是这些有限的收入很难满足城市轨道交通的正常运营需要，目前城市轨道交通在国内依然处于亏损的状态。如果继续采用传统的政府主导的投融资模式，沉重的财政支出压力以及专业管理能力的不足，将严重制约城市轨道交通的发展脚步。在这种背景下，PPP 模式在我国城市轨道交通项目中的应用越来越广泛，其所具有的优越性，得到政府部门与社会资本的普遍关注和认可。

近年来我国城市轨道交通 PPP 项目快速落地推广，呈现出遍地开花的态势。我国城市轨道交通协会在其官网所发布的统计报告显示，截至 2017 年底，全国开通并实现运营城市轨道交通的内地城市已达 34 座，全国累计开通的城市轨道交通线路 165 条，各线路的运营总长度已逾5 000 公里。目前我国多省市的城市轨道交通项目已尝试使用 PPP 模式，但是相较于发达国家，我国仍处于 PPP 模式的探索与发展初期，对于城市轨道交通 PPP 项目的建设、运营及实施效果还没有形成完备的体系和经验积累，这也是本书的主要研究内容。主要结论如下：

13.1.1　完备的项目实施方案

PPP 项目实施机构只能是政府或其指定的有关职能部门或事业单位。轨道交通 X 线 PPP 项目由 C 市交通开投集团作为 C 市政府授权的实施机构，负责项目的准备、采购、运营和移交等工作，具体包括编制实施方案、选择确定社会投资人、代表政府签署 PPP 项目合同等相关法律文件。实施方案的核心内容是轨道交通 X 线 PPP 项目的交易结构，主要包括三个部分：一是项目公司（SPV）组建；二是项目公司运营管理；三是社会投资人参与土地对价。同时明确 PPP 项目回报机制、融资方案、财务回报，分为对社会投资人的回报、对基金公司的回报和对项目公司的回报三个层面。

13.1.2　物有所值评价

定性评价指标包括全生命周期整合程度、风险识别与分配、绩效导向与鼓励创新、潜在竞争程度、政府机构能力，以及可融资性六项基本评价指标。对于 C 市轨道交通 X 线 PPP 项目，C 市财政局选取物有所值评价专家，组成专家小组，采用专家评分法，并召开专家小组会议，得到项目评分结果，形成专家小组意见。专家小组原则上同意轨道交通 X 线项目通过物有所值定性分析，适宜采用 PPP 模式。

定量评价是在假定采用 PPP 模式与采用政府传统投资方式产出绩效相同的前提下，通过对 PPP 项目全生命周期内政府方 PPP 值与 PSC 值进行比较，判断 PPP 模式能否降低项目全生命周期成本。轨道交通 X 线项目 PSC 值小于 PPP 值，定量评价未通过，不适宜采用 PPP 模式。

13.1.3 财政承受能力论证

在项目全生命周期内，财政支出责任占当年一般公共预算支出的比例不超过10%。轨道交通 X 线 PPP 项目为 C 市首个采取 PPP 模式的轨道交通项目，因此不存在 PPP 项目过于集中的情况，其财政承受能力“通过论证”，项目适宜采用 PPP 模式。

13.1.4 建设项目财务测算

轨道交通 X 线 PPP 项目全生命周期均无法产生利润。但由于运营期内的还本付息已有资金来源，项目公司在不考虑还本付息、追加投入及大修费用的前提下，若可行性研究报告中的客流量预测值能够完全实现，则项目公司可以实现每年的现金流平衡。全生命周期内，政府支出合计约 442 亿元。

13.1.5 招标采购代理

项目的招标人和业主为 C 市城市交通开发投资（集团）有限公司，建设资金来自项目资本金和项目融资，资金构成为项目资本金 27.37%；项目融资 72.64%。项目已具备招标条件，可以进行招标采购代理工作。

13.1.6 特许经营

C 市轨道交通 X 线项目特许经营协议由主协议、16 个附件协议以及后续的补充合同共同构成，涵盖投资、建设、试运营、运营、移交各个阶段，形成了一个完整的合同体系。特许经营协议对特许期届满后的移交作了较周密的安排，充分考虑了 X 线未来的发展和公众利益。

13.1.7　项目融资

C 市交通开投集团是 C 市政府授权的项目 PPP 实施机构。由投资人独资或按约定比例与交通开投集团共同出资设立项目公司，负责项目投融资、建设和运营，并享有项目特许经营权。采用“BOT + EPC”模式，设置“建设 + 运营”合作期限，特许经营期 25 年（含建设期）。项目工程投资、社会资本投资回报、项目贷款利息等通过土地对价平衡；轨道运营按影子票价和财政购买服务条件独立核算。经营期满后，项目公司将项目移交给 C 市政府指定机构，投资人退出。

13.1.8　运营分析

C 市轨道交通 X 线全长约 57.289 千米，其中地下线 29.91 千米，高架线 27.379 千米。共设 34 座车站，其中地下站 22 座，高架站 12 座。项目总投资约 325.56 亿元，工程线路敷设方式基本以地下线路和高架线路为主，本次开通 34 座车站。C 市轨道交通 X 线运营车辆均采用山地 As 车型，列车最高运行速度 100 千米/小时。该车型爬坡能力更强，更适合 C 市地形。运营初期，车辆编组采用 6 辆编组，最大载客量 2 300 人，高峰运载能力 1.57 万人次/小时。初期运营时间为 7：30 至 20：30，单程运行时间约 58 分钟，共 14 列车上线运营，票价标准按照已运营轨道交通线路票价标准执行。X 线 2021 年 1 月 29 日开通，首日的 6.5 小时客流量就达到了 9.3 万人次；2021 年 2 月 14 日 X 线客流创新高，达到了 13.1 万乘次；在开通的 21 天中客流总计 192.6 万，日均 9.17 万。

13.1.9　实施效果评价

C 市轨道交通 X 线 PPP 项目的综合实施效果为“效果良好”，实现了预期的 PPP 预设效果，这意味着本项目对于其他项目有较好的示范作用，其在实施过程、用户体验、合约管理方面有诸多成效值得推广与借鉴。

13.2 研究不足

由于轨道交通 PPP 项目是一项涉及面极广的复杂工程，本书也存在一定的不足之处和错误。在此指出一些研究的不足之处。

第一，轨道交通 PPP 项目实施方案的核心内容是 PPP 项目的交易结构，对此必须事先明确。特许经营协议由主协议、若干个附件协议以及后续的补充合同共同构成，涵盖投资、建设、试运营、运营、移交各个阶段，形成了一个完整的合同体系。同时特许经营协议要对特许期届满后的移交作出比较周密的安排。

第二，本书中的轨道交通 PPP 项目实施效果评价指标是通过对已有文献的研究评选而出，由于相关资料不够充分、调查样本有限，以及指标的筛选带有一定的主观性，可能会出现疏漏；同时 PPP 项目融资参与方众多、关系复杂，特许协议所规定的具体运作模式多样，需要对不同模式下的项目形式进行具体项目具体分析。

第三，指标权重的样本来源准确性不足。本书对指标权重的确定是通过对问卷调查形式获取的基础数据进行数学处理后得到的，由于专业性较强，受访群体存在认知差异，所获得的数据具有一定的主观性，虽然通过数学手段进行处理分析，但仍无法完全消除主观性的影响。

参 考 文 献

［1］王守清：《基于多方满意的 PPP 项目股权配置优化研究》，载《清华大学学报（自然科学版）》2017 年第 4 期。

［2］杨学英：《基础设施特许经营项目政府保证的价值研究》，载《武汉大学学报（工学版）》2005 年第 4 期。

［3］王刚：《基于资产组的项目财务评价方法及应用探讨》，载《财务与会计》2017 年第 4 期。

［4］丁向阳：《城市基础设施投融资理论与实践：第 1 版》. 中国建筑工业出版社 2015 年版。

［5］毛保华：《城市轨道交通系统运营管理：第二版》. 人民交通出版社 2017 年版。

［6］邵颖红：《公共项目投融资分析：第 1 版》. 电子工业出版社 2011 年版。

［7］张宏生：《轨道交通 PPP 项目财务评价研究》. 天津大学 2016 年硕士论文。

［8］郭鹰：《试论政府在 PPP 项目财务评价中的折现率取值》，载《生产力研究》2009 年第 15 期。

［9］吴隽：《基于 PPP 模式的地方政府举债融资机制分析》，载《中国国情国力》2015 年第 7 期。

［10］朱筱菁：《提高城市轨道交通财务评价可靠性的方法》，载《城市轨道交通研究》2012 年第 11 期。

［11］刘宏、孙浩：《基于模糊网络分析的 PPP 项目社会资本选择》，载《财会月刊》2016 年第 32 期。

[12] 王灏:《城市轨道交通投融资问题研究》,中国金融出版社 2003 年版,第 111 - 124 页。

[13] 麻宝莉:《城市轨道交通投融资模式研究》,吉林大学 2005 年硕士论文。

[14] 鲁庆成:《城市轨道交通项目采用公私合作模式融资的几个问题》,载《城市轨道交通研究》2008 年第 4 期。

[15] 刘菊:《城市轨道交通建设项目评价指标与评价方法研究》,重庆大学 2015 年硕士论文。

[16] 李皓、王洪强、马亮:《我国城市轨道交通 PPP 项目补贴机制研究》,载《价格理论与实践》2016 年第 7 期。

[17] 国家发展改革委建设部:《建设项目经济评价方法与参数:第 3 版》,中国计划出版社 2006 年版,第 8 页。

[18] 许树生、徐志超、雷兴华:《面向项目价值的城市轨道交通 PPP 项目协同特殊目的公司(SPV)模式研究》,载《城市轨道交通研究》2017 年第 9 期。

[19] 曹旸:《我国城市轨道交通发展模式比较研究》,载《湖南师范大学学报》2014 年第 4 期。

[20] 冯中越、宋卫恭:《城市公用事业特许经营合约中的资产转移问题研究——以城市轨道交通为例》,载《财经论丛》2011 年第 2 期。

[21] 高华、齐浩、朱俊文:《轨道交通 BT 项目风险分担研究》,载《土木工程学报》2015 年第 3 期。

[22] 谷一桢、郭睿:《轨道交通对房地产价值的影响——以北京市八通线为例》,载《经济地理》2008 年第 3 期。

[23] 顾新:《香港轨道交通规划与经营理念对深圳地铁的启示》,载《城市规划》2009 年第 8 期。

[24] 郝伟亚、王盈盈、丁慧平:《城市轨道交通 PPP 模式核心要点研究——以北京地铁 M 号线案例分析》,载《土木工程学报》2012 年第 10 期。

［25］何涛、赵国杰：《基础设施 BOT 项目中政府担保估值与特许期决策研究》，载《城市经济》2010 年第 10 期。

［26］李惠彬、蒲勇健：《大城市发展进程中轨道交通网络运营收益平衡分析》，载《西南大学学报》2009 年第 2 期。

［27］唐兴霖、周军：《公私合作制（PPP）可行性：以城市轨道交通为例的分析》，载《学术研究》2009 年第 2 期。

［28］陶思平：《PPP 模式风险分担研究——基于北京市轨道交通的分析》，载《管理现代化》2015 年第 4 期。

［29］武树礼：《城市轨道交通建设引入 PPP 模式研究——以北京地铁四号线为例》，载《新视野》2014 年第 6 期。

［30］严玲、崔健：《城市轨道交通项目 PPP 模式交易方式选择的多案例研究》，载《科技进步与对策》2011 年第 7 期。

［31］叶苏东：《社会资本开发城市轨道交通项目的偿付机制研究》，载《北京交通大学学报》2011 年第 4 期。

［32］易欣：《基于动态多目标的 PPP 轨道交通项目定价机制》，载《技术经济》2015 年第 12 期。

［33］张军、杜文：《城市轨道交通发展的战略思考》，载《经济体制改革》2005 年第 3 期。